K

P

Geger

Kirche Raum Gegenwart

K
F

Geger

irche
Raum
wart

Herausgegeben
von Walter Zahner

jovis

Kirche Raum Gegenwart

I Einleitung

Die Deutsche Gesellschaft für christliche Kunst e.V. (DG) hat sich im Lauf ihrer Geschichte immer wieder mit Fragen des Kirchenbaus und der Ausgestaltung kirchlicher Räume beschäftigt. Zuletzt präsentierte sie im Jahr 2018 anlässlich der 125-Jahr-Feier unseres Vereins die Wanderausstellung ‚Zusammenspiel – Kunst im sakralen Raum‘, die diese Themenfelder mit Blick auf neue Arbeiten im deutschen Raum seit dem Jahr 2000 vorstellte. Dieser Überblick zeigte Neubauten, Umbauten und eine Vielfalt an künstlerischen Aufträgen, die in Kirchenräumen realisiert worden waren.

Unsere aktuelle Ausstellung widmet sich der Transformation der Kirchenräume. Seit vielen Jahren wird die Entwicklung in Deutschland und auch weit darüber hinaus unter dem Stichwort Umnutzung diskutiert. Da das, insbesondere im Blick auf Süddeutschland, letztlich zu eng gefasst ist, befassen wir uns im Rahmen dieser Ausstellung mit der Veränderung, der erweiterten Nutzung, letztlich der Möglichkeit der Transformation von Kirchenräumen.

Wir möchten mit dem Projekt ‚Kirche Raum Gegenwart‘ anregen, über Kirchenräume neu nachzudenken, da diese identitätsstiftend und oft ortsbildprägend sind. Sie stellen für Stadt, Land und Gesellschaft wertvolle öffentliche Räume dar. Die Pflege und Bewahrung von Kirchengebäuden und weiteren kirchlichen Immobilien wird allerdings angesichts einer abnehmenden Zahl an Kirchenmitgliedern und in der Folge sinkender Mittel zunehmend schwieriger.

Die Ausstellung besteht aus zwei Teilen, die direkt aufeinander bezogen sind:

Aus den Gebieten der evangelischen Landeskirchen Bayerns, Badens und Württembergs sowie den (Erz-)Bistümern Augsburg, Bamberg, Eichstätt, Freiburg, Regensburg, Rottenburg-Stuttgart, München-Freising, Passau und Würzburg wird eine Vielzahl an Veränderungen des kirchlichen Baubestands im Zeitraum 2010 bis heute eingehend betrachtet. 14 ausgewählte Projekte repräsentieren die Bandbreite und den Variantenreichtum an Veränderungs- und Entwicklungsmöglichkeiten sakraler Gebäude von der architektonischen Neuaufteilung über neugestaltete Raumkonzepte bis hin zur vollständigen Umnutzung von Raum und Bausubstanz. Klöster haben wir bewusst außen vor gelassen. Sie stehen zwar vor ähnlichen Problemen, es stellen sich aber sowohl in der Verfasstheit wie auch im Hinblick auf ihre künftige Nutzung ganz eigene Fragen. Wir werden das im Auge behalten und vielleicht an anderer Stelle eigens darauf eingehen.

Aus Anlass dieser Ausstellung haben wir vier Entwürfe beauftragt, die für Kirchengemeinden von jeweils einem Duo aus Kunstschaffenden oder Architekt*innen mit Bezugspersonen vor Ort entwickelt wurden. In den Sommermonaten 2022 entstanden ortsspezifische Projekte, die mit Blick auf die nahe Zukunft ‚aufgeschlossene Kirchenräume' ermöglichen sollen – Kirchen, die liturgische Orte bleiben und sich gleichzeitig für Neues öffnen. Dabei steht eine nachhaltige Transformation der Räume im Zentrum, die sich nicht nur über architektonische Lösungen, sondern vor allem über inhaltliche Neubeschreibungen definiert.

Damit schließt sich ein weiterer Kreis, der unsere Ausstellung mit der dazu entstandenen Publikation in das Umfeld des DFG-Forschungsprojektes ‚Sakralraumtransformation' stellt. Diese Präsentation findet nicht nur während der ersten Phase dieses DFG-Projektes statt und ergänzt mit dem süddeutschen Raum deren Forschungsfelder (das katholische Bistum Aachen und die evangelischen Sakralbauten rund um Leipzig), sie bezieht mit Prof. Dr. Albert Gerhards dessen Sprecher und mit Dr. Manuela Klauser eine Mitarbeiterin direkt mit ein. Dadurch entsteht eine Art von institutionenübergreifender Zusammenarbeit, wie wir sie uns als Deutsche Gesellschaft für christliche Kunst e.V. nur wünschen können.

Die beiden Begriffe ‚Diskurs' und ‚Gegenwart', die seit neuestem die Eingangstür unseres DG Kunstraums in München schmücken, machen schließlich deutlich, dass unsere Ausstellungsräume ganz bewusst zum Ort des Austauschs, der vertieften Diskussion werden und alle Aktivitäten unter dem Anspruch der Aktualität stehen soll. Von daher begreifen wir uns als selbständiges Projekt, das aber in mehr oder weniger engem und regem geistigem Austausch mit dem DFG-Projekt entwickelt worden ist.

Wir danken allen beteiligten Künstlerinnen und Künstlern, die uns ihre Ideen geschenkt und damit den beteiligten Kirchengemeinden und ihren Gebäuden eine neue Art von Zukunftsfähigkeit attestiert haben. Wir danken den beteiligten Pfarrgemeinden für die Offenheit, sich auf solch einen Prozess einzulassen und auch für ihre finanzielle Beteiligung. Unser Dank geht ebenso an die Autorinnen und Autoren, die auf unsere Nachfrage hin, eigens für diese Publikation Beiträge entwickelt und uns zur Verfügung gestellt haben. Zu guter Letzt danken wir unserem Förderer, dem Verein Ausstellungshaus für christliche Kunst e.V. herzlich für die gute Zusammenarbeit und vor allem für die großzügige Unterstützung unserer Arbeit, die sich bei diesem Projekt in einer zusätzlichen Förderung niedergeschlagen hat.

Projektteam
Dr. Walter Zahner, 1. Vorsitzender der DG
Benita Meißner, Kuratorin der DG
Dr. Manuela Klauser,
Wissenschaftliche Mitarbeiterin in der
DFG-Forschungsgruppe ‚Sakralraumtransformation'
(TRANSARA)

I   Einleitung

II Die Kirche – unveränderlich?
    Potenziale von Sakralgebäuden in
    Zeiten der Veränderung
    Albert Gerhards

14

Sechs Jahrzehnte Konzilsreform und kein Ende

Als vor 60 Jahren das Zweite Vatikanische Konzil eröffnet wurde, glaubten nur wenige an eine grundlegende Veränderung der römisch-katholischen Kirche. Nach dem Willen der Kurie hätten die Konzilsväter die vom Vatikan vorbereiteten Schemata lediglich absegnen und nach ein paar Wochen wieder nach Hause fahren sollen. Tatsächlich dauerte das Konzil aber drei Jahre und leitete nicht nur eine grundlegende Reform der katholischen Kirche ein, sondern wirkte sich auf die ganze christliche Ökumene aus. Die Veränderungen nach jahrhundertelangem weitgehendem Stillstand betrafen nicht nur den Binnenraum der Kirche, sondern auch ihr Verhältnis zu den anderen Religionen und zur modernen Lebenswelt insgesamt. Im Laufe der Sitzungen veränderte sich der Blickwinkel der Konzilsväter auf die Welt, von einer Perspektive von oben herab zu einer auf Augenhöhe. Dies kommt insbesondere in der Pastoralkonstitution ‚Die Kirche in der Welt von heute' zum Ausdruck, die mit den Worten beginnt: „Freude und Hoffnung, Trauer und Angst der Menschen von heute, besonders der Armen und Bedrängten aller Art, sind auch Freude und Hoffnung, Trauer und Angst der Jünger Christi" (Gaudium et Spes 1).[1]

Die Dynamik der ersten Stunde konnte freilich nicht durchgehalten werden. Bereits während des Pontifikates von Papst Paul VI. erlahmten der Mut und die Kraft zur Reform. So verliefen die Beschlüsse der Würzburger Synode von 1975, welche die Konzilsimpulse für Deutschland konkretisieren und fortführen sollte, größtenteils im Sand.[2] Mit dem Pontifikat von Johannes Paul II. begann eine lange restaurative Phase durch Wiedererstarken des römischen Zentralismus, die erst mit Papst Franziskus beendet schien. So wertete er die dezentralen Instanzen auf und geißelte wiederholt den Klerikalismus. Doch erscheint seine Haltung, wenn er einerseits das synodale Prinzip stärkt, andererseits den deutschen Synodalen Weg kritisiert, durchaus ambivalent. Freilich hat sich die Situation der Kirchen und insbesondere der Kirche Roms gegenüber dem vorigen Jahrhundert gravierend geändert, nicht zuletzt infolge der Missbrauchskrise. Man versucht zwar immer noch, die Verbrechen zu marginalisieren und als Problematik von Einzeltätern zu retuschieren, doch erweist sich die Krise immer mehr als ein Katalysator zentraler struktureller Probleme, die mit äußeren Reformen nicht zu lösen sind.[3] Die in der Spätantike entwickelte hierarchische Struktur, die im Laufe der Jahrhunderte immer wieder den jeweiligen Verhältnissen angepasst wurde und dadurch auch manche Krise überstand,[4] hat zumindest in den westlichen Demokratien ihre Plausibilität verloren. Viele bis vor Kurzem noch kirchentreue Katholikinnen und Katholiken kündigen jetzt ihre Gefolgschaft auf.

Die Gotteskrise und die leeren Kirchen

Die fundamentale Kirchenkrise fällt in eine Zeit, in der von einer noch viel umfassenderen Krise zu sprechen ist, von der Gotteskrise.[5] Konnte der große Konzilstheologe Karl Rahner noch vom anonymen Christen sprechen, dem Agnostiker, der sich seiner impliziten Gottesbeziehung nur nicht bewusst sei, so hat sich die Lage grundlegend geändert. Der Mensch ist anscheinend doch nicht von Natur aus religiös. Die Aufklärung zeitigt ihre Früchte.

Der Glaube ist bei vielen Zeitgenossinnen und -genossen verdunstet, in einer Welt ohne Gott und ohne jeden Transzendenzbezug fehlt ihnen nichts. Und die Menschen, denen nichts fehlt, müssen keineswegs schlechtere Menschen sein. Das stellen auch immer mehr Getaufte fest, die sich fragen, warum man dann noch weiter in einer Kirche verbleiben soll, die einem nichts mehr zu sagen hat.

Wie sollen sich da die kleinen christlichen Restgemeinden verhalten? Die neuen Seelsorgestrukturen der Diözesen und Landeskirchen sehen immer größere Einheiten vor, die alten Pfarreien werden aufgelöst und zu riesigen Gebilden zusammengelegt,[6] sodass der Weg zu den verbleibenden Rückzugsorten immer größer wird. Das Christentum verabschiedet sich von der Fläche. De facto ist dieser Prozess des Rückzugs schon länger im Gang. Manche Gemeinden haben sich in ihren Kirchenraum wie in ein Schneckenhaus zurückgezogen, der oft nur noch zu wenigen Gottesdienstzeiten geöffnet ist. Der Frankfurter Pastoraltheologe Wolfgang Beck stellt die These auf, dass durch die Separierung der sakralen Räume ihre Deformation geschieht.[7] Man kann auch mit seinem Bonner Kollegen Jörg Seip von Selbstprofanierung sprechen, in der das „Offene des Sakralen" längst verloren gegangen ist.[8]

Demgegenüber steht die Tatsache, dass Kirchenräume ursprünglich allen gehörten und auch einem breiteren Nutzungsspektrum dienten, als es das 19. Jahrhundert mit seinem Verständnis von Sakralität bis heute festzementiert hat. Dies bedeutet, dass Kirchengebäude nicht einfach kirchlicher Besitz, sondern dass sie dem ganzen Stadtteil oder Dorf zu eigen sind. Das ist eine fundamentale Erkenntnis, die in den Pastoralplänen bisher kaum angekommen ist. Dabei bildet dies die Grundlage für den Umgang mit Sakralimmobilien in den Leitlinien des Päpstlichen Kulturrats zur Stilllegung und kirchlichen Nachnutzung von Kirchen aus dem Jahr 2018.

Damit werden die Gemeinden als rechtliche Besitzer und Sachwalter in die Pflicht genommen. Zunächst wird die Messlatte für eine Entwidmung sehr hoch angelegt. Gründe wie Priestermangel, mangelnder Kirchenbesuch oder fehlende Finanzen reichen allein nicht aus. Wenn eine liturgische Weiternutzung dennoch nicht infrage kommt, so ist das Gebäude weiterhin im kirchlichen Besitz zu halten, dabei aber möglichst einer öffentlichen Nutzung zuzuführen, und zwar für einen spirituellen, kulturellen oder sozialen Gebrauch. Erst, wenn dies nicht möglich ist, ist über eine private oder rein kommerzielle Nutzung nachzudenken. Die Möglichkeit einer hybriden Nutzung wird in diesem Dokument ebenfalls in Betracht gezogen, wobei hier auf die noch bestehenden kirchenrechtlichen Hürden aufmerksam gemacht wird.

Transformation der Kirchen und der Gemeinden

Allzu oft möchte man sich der Verantwortung für die Kirchengebäude entledigen, indem man etwa das Gebäude einem Investor überlässt. Damit macht man es sich nicht nur zu einfach, indem man sich seiner Verantwortung entzieht, sondern man verpasst eine Chance für die Eröffnung einer Zukunftsperspektive.[9] Investor*innenlösungen sind produktiv, wenn man zusammen mit ihnen einen Transformationsprozess durchführt.[10] Dann aber ist die Gemeinde selbst mit im Spiel und Teil dieses Prozesses. Der spatial turn der Soziologie ist inzwischen in der Theologie angekommen[11] und sollte auch die Verantwortlichen auf den verschiedenen Ebenen der Kirche erreichen. Dann würde man das Potenzial der Räume und Orte erkennen und von dort aus die christliche Gemeinde neu aufstellen. Das bedeutet nicht, dass man nicht auch andernorts Christentum leben soll, wie etwa das Bistum Aachen mit dem Leitspruch ‚Heute bei dir' propagiert.[12] Kirchenräume kommen in diesem Konzept aber nicht vor, weil man sie offenkundig für die liturgisch interessierte Restgruppe reserviert und separiert, statt sie zu öffnen, zu weiten und zu Orten der Beheimatung für die anderen zu machen. Dies bedeutet keineswegs eine Profanierung des Sakralen, sondern ein neues Verständnis von Sakralität, das vor das verengte Verständnis des 19. Jahrhunderts zurückkehrt, als die Kirchen noch allen gehörten.

Dass dies funktionieren kann, wird an einigen Orten von Gemeinden und Gemeinschaften erfolgreich vorgelebt. Zu nennen sind etwa das Projekt ‚Maria als' in Stuttgart,[13] das Stadtteilzentrum Q1 in Bochum Stahlhausen[14] oder Aktionen der Gemeinschaft Sant' Egidio in der Citykirche Mönchengladbach.[15] Nicht immer finden diese Initiativen die notwendige Unterstützung durch kirchliche oder zivile Institutionen, insbesondere, wenn Fragen des Denkmalschutzes tangiert sind.

Eine entscheidende Frage aber ist, wie Gemeinden sich auf den Weg der Transformation begeben. Es geht ja darum, dass dies ein Prozess aus der Gemeinde heraus und nicht für die Gemeinde oder gar unabhängig von ihr wird. Der anfangs beschriebene jahrzehntelange Reformprozess der Kirche wurde von einem ungefähr gleich langen Prozess der Strukturreformen begleitet. Diese litten und leiden meist darunter, dass sie mehr oder weniger vom grünen Tisch aus entworfen sind. Eine verordnete Strukturreform bringt selten die Menschen in Bewegung. Insbesondere fehlt den Konzepten allzu oft die spirituelle Dimension, da sie eher betriebswirtschaftlichen Kriterien entsprechen. Kirchenräume sind immer noch Orte emotionaler Bindung, selbst für Menschen, die nicht zu den regelmäßigen Kirchgängern zählen. Kirchenbau und Kirchenraum stehen seit jeher für Transzendenz in mehrfacher Hinsicht, nicht nur hinsichtlich des Gottesbezugs, sondern auch hinsichtlich der Überschreitung des Alltäglichen. Die Liturgie in ihren vielfältigen Dimensionen der Zeit- und Festorganisation und die Breitenreligiosität mit ihren unterschiedlichen emotionalen Ausdrucksformen haben den Menschen jahrhundertelang in den Kirchengebäuden Möglichkeiten eröffnet, Daseinsweitung individuell und in Gemeinschaft zu erfahren. Die Aktiven in den Kirchen müssen sich eingestehen, dass sie trotz großer Anstrengungen, sich auf die veränderten Gegenwartsbedingungen einzustellen, die allermeisten Menschen nicht mehr erreichen. Diese finden anderswo attraktivere Angebote oder bleiben ein Leben lang Suchende.

Die Kunst als Partner im Veränderungsprozess

Wenn christliche Gemeinschaften und Gemeinden als kirchliche Organisationsform in der heutigen diversen Gesellschaft präsent bleiben und nicht zu einer exotischen Sekte verkümmern wollen, müssen sie sich ändern; sie müssen sich zusammen mit ihren Räumen ändern. Sie haben die Chance, sich zu ändern, wenn sie sich auf Kooperationen einlassen. Ganz entscheidend ist hier die Partnerschaft mit den Künsten, die nach einem langen Stillstand seit einigen Jahrzehnten wieder intensiver gepflegt wird. Kunst und Religion weisen eine große gemeinsame Schnittmenge auf.[16] In der jetzigen Phase der Transformation, die alle Bereiche von Gesellschaft und Kirche betrifft, hat diese wiederbelebte Partnerschaft eine neue Dimension bekommen. Die Transformation als solche ist ein kreativer Prozess, der ganzheitlich angelegt ist. Wenn Gemeinden sich zusammen mit Künstlerinnen und Künstlern auf das Wagnis einer Intervention einlassen, dann sind sie bereits einen entscheidenden Schritt weiter. In jüngerer Zeit gibt es dazu einige ermutigende Erfahrungen sowohl in der katholischen[17] als auch in der evangelischen Kirche.[18] Wenn es um eine bloße Veränderung des Raums geht, etwa bei der Umwandlung eines gerichteten Kirchenraums in einen sogenannten Communio-Raum, ist die emotionale Belastung der Betroffenen bei der Transformation selbstverständlich geringer als im Falle einer Entwidmung und der damit verbundenen endgültigen Trennung. Hier kommt es wie bei jeder Profanierung darauf an, wie der Prozess bis zu diesem Punkt gelaufen ist und welche Perspektiven eröffnet worden sind. Loslassen zu können ist hier für die Gemeinde lebenserhaltend. Künstlerische Aktionen können in jedem Fall einen Assoziationsraum eröffnen, den das Argument nicht erschließen kann.

Zwischen Profanierung und weiterhin ausschließlich liturgischer Nutzung liegt ein breites und noch längst nicht erkundetes Spektrum, das Potenziale nicht nur für den Erhalt und die produktive Weiterentwicklung der Gebäude, sondern auch und vor allem der christlichen Gemeinden in ihrem jeweiligen Sozialraum birgt. Voraussetzung dafür ist, dass sich die Gemeinden auf das Wagnis einer Veränderung einlassen und Berührungsängste und Vorurteile gegenüber Gruppen und Einzelpersonen jedweder Herkunft und Religion überwinden.

Kirchenräume können so zu Orten der Erfahrung von friedlicher Koexistenz und Respekt vor dem Nächsten oder der Nächsten werden, ohne dass die eigene Identität geleugnet werden muss. Diese hat sich im Dialog mit den anderen zu bewähren. Der Raum bietet dafür mehr als ein bloßes Gehäuse, er hat identitätsbildende und -stützende Funktion.[19] Künstlerische Interventionen können hier entscheidende Wegmarken und Zielorientierungen bieten.

II   Die Kirche – unveränderlich?

Albert Gerhards

1   Zweites Vatikanisches Konzil, Pastoralkonstitution über die Kirche in der Welt von heute, Art. 1: LThK[2] E III. Freiburg/Basel/Wien 1968, S. 281; vgl. insgesamt zur Rezeption des Konzils: Erinnerung an die Zukunft. Das Zweite Vatikanische Konzil. Hg. von Jan-Heiner Tück. Freiburg/Basel/Wien [2]2013; Vaticanum 21. Die bleibenden Aufgaben des Zweiten Vatikanischen Konzils im 21. Jahrhundert. Dokumentationsband zum Münchner Kongress „Das Konzil eröffnen". Hg. von Christoph Böttigheimer/René Dausner. Freiburg/Basel/Wien 2016.

2   Vgl. Die Würzburger Synode. Die Texte neu gelesen. Hg. von Reinhard Feiter/Richard Hartmann/Joachim Schmiedl. Freiburg/Basel/Wien 2013.

3   Vgl. Ohnmacht. Macht. Missbrauch. Theologische Analysen eines systemischen Problems. Hg. von Jochen Sautermeister/Andreas Odenthal. Freiburg/Basel/Wien 2021.

4   Vgl. die Skizze der am Kirchenraum ablesbaren geschichtlichen Entwicklung: Albert Gerhards, Die Kirchen – Spiegel des Selbstverständnisses der Kirche. Überlegungen zur Inszenierung des Kirchenraums unter dem Gesichtspunkt klerikaler Macht, in: Amt – Macht – Liturgie. Theologische Zwischenrufe für eine Kirche auf dem synodalen Weg (QD 308). Hg. von Gregor Maria Hoff/Julia Knop/Benedikt Kranemann. Freiburg/Basel/Wien 2020, S. 18–40.

5   Der Münsteraner Theologe Johann Baptist Metz hatte sie schon 1995 prognostiziert: Johann Baptist Metz, Gotteskrise – Kirchenkrise. Eine theologische und spirituelle Analyse, in: Kirche in unserer Zeit. Hg. von Stephan Pauly. Stuttgart 1999, S. 51–64; vgl. auch: Gott? Die religiöse Frage heute. Hg. von Johannes Röser. Freiburg/Basel/Wien 2018.

6   Vgl. dazu: Von Zukunftsbildern und Reformplänen. Kirchliches Change Management zwischen Anspruch und Wirklichkeit (Kirche in Zeiten der Veränderung, Bd. 1). Hg. von Stefan Kopp. Freiburg/Basel/Wien 2020.

7   Vgl. Wolfgang Beck, Von der Deformation des Sakralraums durch seine Separierung. Mit der Frage der Nachnutzung von Kirchen werden tieferliegende Probleme sichtbar, in: Anzeiger für die Seelsorge 131, 2022, Heft 11, S. 36–40.

8   Vgl. Jörg Seip, Pastoraltheologie als Kritik dichotomischer Praktiken. Fragehorizonte zu einer Bestimmung des sakralen Ortes im Wandel, in: Der sakrale Ort im Wandel (Studien des Bonner Zentrums für Religion und Gesellschaft, Bd. 12). Hg. von Albert Gerhards/Kim de Wildt. Würzburg 2015, S. 49–63, hier S. 62; vgl. ders., Was überschreitet die Kirchenprofanierung? Hybridität als Einübung ins Andersdenken, in: Wandel und Wertschätzung. Synergien für die Zukunft von Kirchenräumen (Bild – Raum – Feier. Studien zu Kirche und Kunst, Bd. 17). Hg. von Albert Gerhards/Kim de Wildt. Regensburg 2017, S. 241–262.

9   Vgl. Albert Gerhards, Zukunftsvisionen von Kirche und ihre Verräumlichung. Beispiele aus Vergangenheit und Gegenwart, in: Gottesdienst und Kirchenbilder – Theologische Neuakzentuierungen (Quaestiones Disputatae, Bd. 313). Hg. von Stefan Kopp/Benedikt Kranemann. Freiburg/Basel/Wien 2021, S. 287–305.

10 Zu diesem Thema veranstaltete die DFG-Forschungsgruppe Sakralraumtransformation (Transara) am 30. 9. und 1. 10. 2022 in Regensburg die Tagung ‚Immobilie Kirche. Umnutzungsstrategien im Zusammenspiel von Architektur, Baukultur, Quartier und Ökonomie'. Die Beiträge werden in der Reihe ‚Sakralraumtransformationen' (Verlag Aschendorff, Münster) dokumentiert.

11 Vgl. Katharina Karl/Stephan Winter (Hg.), Gott im Raum?! Theologie und spatial turn: aktuelle Perspektiven. Hg. von Katharina Karl/Stephan Winter. Münster 2021.

12 Vgl. die Homepage: https://heutebeidir. de/start (letzter Abruf: 1. 11. 2022)

13 Vgl. Christian Bauer, Gott, anderswo? – Zur theologischen Architektur des Wandels, in: Kirche im Wandel. Erfahrungen und Perspektiven zur Transformation sakraler Räume (Sakralraumtransformationen, Bd. 1). Hg. von Albert Gerhards. Münster 2022.

14 Vgl. Kirchenräume und ihre Zukunft: Sanierung – Umbau – Umnutzung. Hg. von Wüstenrot Stiftung (Hg.). Ludwigsburg 2017, S. 110–115; vgl. dazu Albert Gerhards, Die Zukunft der Kirchengebäude. Zu einem Forschungsprojekt ‚Sakralraumtransformation', in: Liturgisches Jahrbuch 72, 2022, S. 3–16, hier S. 10 f.

15 Vgl. die Facebook-Seite: https://www.facebook.com/people/ Sant-Egidio-M%C3%B6nchengladbach/ 100064552612249 (letzter Abruf: 1. 11. 2022)

16 Vgl. die zahlreichen persönlichen Stellungnahmen zu diesem Thema in: Kunst öffnet. Tastversuche und Schlüsselerlebnisse. Hg. von Gaby Bayer-Ortmanns/Birgitt Caspers/Albert Gerhards/Dominik Meiering. Regensburg 2021.

17 Als Beispiel sei der österreichische Künstler Leo Zogmayer genannt; vgl. In Church. Leo Zogmayer – Kunst für liturgische Räume. Hg. von Albert Gerhards/Stephan Winter. Regensburg 2020.

18 Hier ist insbesondere auf das Marburger Institut für Kirchenbau und christliche Kunst der Gegenwart zu verweisen. Um so bedauerlicher ist der Beschluss der EKD, die Einrichtung nicht länger zu fördern, weshalb sie nach der Emeritierung von Prof. Dr. Thomas Erne im Februar 2022 geschlossen werden musste. Das Institut hatte neben der Bildungsarbeit vielfältige Initiativen auf unterschiedlichen Ebenen angeregt und gefördert und durch zahlreiche Publikationen dokumentiert. Siehe die Homepage: https://kunst-religion.de (letzter Abruf: 1. 11. 2022)

19 Vgl. Albert Gerhards, Raum und Identität, in: Nicht wie Außenstehende und stumme Zuschauer. Liturgie – Identität – Partizipation (Kirche in Zeiten der Veränderung, Bd. 7). Hg. von Stefan Kopp/Stephan Wahle. Freiburg/Basel/ Wien 2021, S. 215–232.

III Die Transformation von sakralen Räumen
Überlegungen zur Zukunft
des kirchlichen Gebäudebestandes
Walter Zahner

Ausgangslage

Spätestens seit den 1980er-Jahren diskutieren Kirchenvertreterinnen und Kirchenvertreter beider großer Kirchen in Deutschland die Frage der Umnutzung von Kirchengebäuden intensiv.[1] Dies dürfte nicht zuletzt auf das Ende des Kirchenbaubooms der Nachkriegsjahrzehnte und womöglich noch mehr auf die seit der Mitte der 1950er-Jahre erst langsam, dann zunehmend rückläufigen Zahlen der Kirchenbesuchenden zurückgehen[2].

Stichwortartig erwähnt seien hier nur die sogenannte ‚Berliner Gespräche‘, die bezeichnenderweise als Austauschforen gleich mehrerer Institutionen angelegt waren. Zum ersten im Jahr 1987 luden die Evangelische Kirche in Berlin-Brandenburg (damals noch Berlin-West), der Senator für Stadtentwicklung und Umweltschutz sowie die Technische Universität, vertreten durch das Institut für Kunstwissenschaft, ein. Bis 1994 folgten noch vier weitere Berliner Gespräche[3]. Im Blick waren damals vor allem die großen Kirchen der Jahrhundertwende (19./20. Jahrhundert).

Neuen Schwung nahm die Auseinandersetzung mit diesen Fragestellungen auf, als sich das Deutsche Nationalkomitee für Denkmalschutz einschaltete. Dem Band ‚Kirchen in Not‘, geschrieben vom Münchner Journalisten Gerhard Matzig[4], folgte im Jahr 2000 die Erfurter Tagung ‚Nichts für die Ewigkeit? Kirchengebäude zwischen Wertschätzung und Altlast‘[5]. Daran waren die Katholische wie die Evangelische Kirche in Deutschland mit wichtigen Vertreter*innen beteiligt. Danach folgten die intensiven Diskussionen um die sog. ‚weiteren Kirchen‘ im Bistum Essen[6] und eine Vielzahl an Veröffentlichungen[7], an einschlägigen Tagungen[8] und auch studentischen Entwurfsseminaren[9].

Neue überregionale Aufmerksamkeit erhielt diese Diskussion der letzten Jahre mit dem Baukultur- bericht 2018/19 der Bundesstiftung Baukultur. Es finden sich unter dem Titel ‚Kirchennutzungen'[10] u. a. die Angaben, dass

- die evangelische Seite seit 1990 736 Kirchen aufgegeben habe, davon 341 dauerhafte Nutzungsänderung, 286 verkauft, 109 abge- rissen (Quelle: Kirchenamt der EKD Hannover 2016),
- die katholische Seite seit 2000 ca. 500 Kir- chen aufgegeben habe, wovon 140 abgeris- sen worden seien (Quelle: katholisch.de 2017).

Die in Potsdam ansässige Bundesstiftung Baukultur hatte im Rahmen einer Bevölkerungsbefragung eine Umfrage zur ‚Akzeptanz der Umnutzung von Kirchen und Kapellen'[11] durchgeführt. Vorstellbar für die Befragten sind:

- kulturelle Veranstaltungen, gemeint sind damit Konzerte und Lesungen, für 95 %
- Ausstellungsräume für 90 %
- Bibliotheken für 89 %
- Betreuungseinrichtungen für Senioren für 77 %
- Kindertagesstätten für 70 %
- Cafés oder Restaurants für 45 %
- Glaubensorte für andere Religionen für 39 %
- Wohnungen für 36 %
- Sportstätten für 22 %
- Gewerbeflächen / für Geschäfte für 18 %

Diese Zahlen stimmen in etwa mit den Ergebnissen einer Allensbach-Umfrage aus dem Jahr 2009[12] überein. Die leichten Verschiebungen erklären sich wohl am ehesten dadurch, dass in Mittel- und Nord- deutschland in den letzten Jahren zahlreiche Kirchen umgenutzt worden sind und sich die Bevölkerung von daher die eine oder andere Nutzung gegebenen- falls aus eigener Anschauung eher vorstellen kann als zehn Jahre zuvor.

Umnutzung von Kirchen in kath. Bistümern
in Bayern

Für die katholischen (Erz-)Bistümer in Bayern
ergeben sich laut einer Auflistung bei katholisch.de
(Stand 6.10.2017) die folgenden Zahlen:
- Augsburg: keine Kirche aufgegeben,
  kein Abriss
- Bamberg: drei Kirchen aufgegeben,
  ein Abriss
- Eichstätt: eine Kirche aufgegeben,
  kein Abriss
- München und Freising: zwei Abrisse, beide
  durch Neubauten ersetzt
- Passau: vier Kirchen aufgegeben, kein Abriss
- Regensburg: zwei Kirchen aufgegeben,
  kein Abriss
- Würzburg: vier Kirchen aufgegeben,
  drei Abrisse

Diese Zahlen haben sich inzwischen ein wenig verändert; in einem Zeitungsartikel[13] ist Ende 2021
von nunmehr zehn Profanierungen die Rede. Einige
dieser Beispiele werden in dem hier vorliegenden
Band dokumentiert, etwa:
- die Pfarrkirche St. Joseph in Augsburg-Ober-
  hausen, teilprofaniert (Hauptschiff: Teile des
  Bistumsarchivs, ehem. Chorraum: Gottesdienstraum) und St. Martin in Lagerlechfeld,
  teilprofaniert (Erdgeschoss: teils als Depot
  für Kirchenkunst genutzt, teils als Pfarrsaal;
  1. Stock: verkleinerter Kirchenraum) – beide
  im Bistum Augsburg
- eine profanierte Kirche in Burghausen
  (Nutzung für Ausstellungen), die frühere
  Seminarkirche in Passau, teilprofaniert
  (Nutzung für Büros des Bischöflichen Ordi-
  nariats, Chorraum bleibt Kapelle) und das
  Maierhofspital (wird zum Bildungszentrum
  für das angrenzende Klinikum) – alle drei
  Beispiele aus dem Bistum Passau.

Erkennbar ist bereits an dieser kleinen Aufstellung, dass im Blick auf Gesamtdeutschland die Frage der Aufgabe von Kirchengebäuden im Süden (das Erzbistum Freiburg zählt bis Oktober 2017 eine aufgegebene Kirche, das Bistum Rottenburg-Stuttgart acht aufgegebene und zwei Abrisse) noch lange nicht die Dimensionen erreicht hat, die wir von Mittel-, West- und Norddeutschland kennen.

Umnutzung von Kirchen der Evang. Landeskirche in Bayern

Aktuelle Zahlen oder eine konkrete Liste der Um- bzw. erweiterten Kirchennutzungen liegen nicht vor, allerdings hört bzw. liest man immer wieder von diversen Beispielen. Eine erste Zusammenstellung ist einem Beitrag in dem Band ‚Evangelischer Kirchenbau in Bayern seit 1945‘[14] zu entnehmen. Dort werden allein für Nürnberg genannt:
- verkürzter Wiederauf- und Einbau von Gemeinderäumen in die hinteren drei Joche in der St. Jakobuskirche, Nürnberg-Altstadt (1962)
- Umbau der Gustav-Adolf-Gedächtniskirche, Nürnberg-Lichtenhof, zum Gemeindezentrum (1980er-Jahre durch Theo Steinhauser)
- 2008 erfolgte die ‚Haus-in-Haus‘-Integration von Gemeindehaus und Pfarramt in die Christuskirche in Nürnberg-Steinbühl durch Susanne Frank (Bauabteilung des Kirchengemeindeamtes).

Darüber hinaus gibt es den Einbau eines Gemeindezentrums in die München-Haidhausener St. Johanneskirche (1980er Jahre durch Theo Steinhauser). Einige weitere Beispiele folgten. Im Jahr 2021 machte der Verkauf der evangelisch-lutherischen St. Lukas-Kirche in Kelheim an Privatleute und ihr Umbau zu einer Ferienwohnung von sich reden.

Aktuelle Diskussionsfelder zur Umnutzung

Nachhaltigkeit

Aktuell bestimmen andere Themen die allgemeinen Diskussionen im Baubereich. Zu nennen sind Fragen des Klimaschutzes und der ökologischen Wende, vor allem aber auch das Thema Nachhaltigkeit im Bauwesen. Die Aktualität dieser Fragestellungen zeigt sich für mich schon darin, dass sich der neueste Jahresbericht der Bundesstiftung Baukultur 2022/23 dem Thema ‚Neue Umbaukultur'[15] widmet. Wir müssen neu nachdenken, wenn es um unsere künftigen Bauwerke geht. Wir sollten weniger neu bauen als vielmehr die bestehende Bausubstanz umbauen. Dafür stehen bereits einige Planungsbüros ein, die sich verstärkt der Entwicklung vermeintlich nicht mehr benötigter Gebäude dahingehend widmen, dass sie sich gegen deren Abriss und für eine veränderte oder erweiterte Nutzung des Bestandes einsetzen[16].

Auch wenn im aktuellen Bericht der Bundesstiftung Baukultur Kirchengebäude selbstverständlich nicht im Fokus stehen, so sind die Kirchen doch gefordert, sich im Hinblick auf Fragen von Nachhaltigkeit und gleichermaßen über die Auswirkungen der Bevölkerungswanderung Gedanken zu machen. Die Idee der Bewahrung der Schöpfung, die man biblisch begründen kann, ist schließlich kein Alleinstellungsmerkmal von Glaubensgemeinschaften. Die Verantwortlichen der Kirchen sollten sich allein schon angesichts ihrer erheblichen Zahl an baulichen Liegenschaften selbstständig daransetzen und Überlegungen anstellen, wie ihr Gebäudebestand – vor allem denke ich hier an die Sakralräume – künftig sinnvoll genutzt werden könnte.

Bevölkerungswanderung

Wenn man sich darüber hinaus klarmacht, dass es inzwischen immer mehr Menschen gibt, die aus Kostengründen, aber auch im Hinblick auf eine höhere Lebensqualität die Zentren von Groß- und Mittelstädten schon wieder verlassen und in die Vorstädte oder auch Dörfer ziehen, dann müssen sich daraus auch für Kirchen Konsequenzen ergeben. Diese Entwicklungen, die seit einigen Jahren zu beobachten sind, werden – so ist der Eindruck des Autors – noch gar nicht oder zumindest viel zu wenig im Diskurs um die Zukunft der Kirchengebäude wahrgenommen, weil diese neuen Tendenzen der Bevölkerungsverschiebungen noch nicht gesehen werden.

Hier lohnt ein Blick in die Studie ‚Landlust neu vermessen'[17] des Berlin-Instituts für Bevölkerung und Entwicklung und der Wüstenrot Stiftung, die gemeinsam Forschungen zum Wanderungsgeschehen der Jahre 2008 bis 2020 durchführten.

Kirchen in Vorstädten oder Dörfern könnten diese Bewegung nutzen und zu neuen Zentren werden. Das gilt umso mehr dann, wenn in kleineren Ortschaften inzwischen nicht einmal mehr eine Gaststätte übrig geblieben ist, von anderen zentralen Angeboten ganz zu schweigen. Allein aus dem Blickwinkel dieser neuesten Recherchen zur Wanderungsbewegung zeigt sich, dass die Zahl der Bewohnerinnen und Bewohner in den Gegenden wächst, in denen derzeit am ehesten Kirchengebäude zu wenig genutzt werden oder auch schon länger nicht mehr in Gebrauch sind.

Grabeskirche St. Josef, Aachen
Hahn Helten Architektur

Vielfalt an liturgischen Feiermöglichkeiten

Angesichts dieser Tatsachen sollten bzw. müssten sich die Vertreterinnen und Vertreter der Kirchen neuen Fragen im Hinblick auf die künftige Nutzung ihres Gebäudebestandes stellen. Dass es dabei zuerst einmal um Überlegungen für sämtliche Liegenschaften, aber natürlich auch alle nicht-liturgisch genutzten Immobilien wie etwa Pfarrhäuser, Pfarr- und Jugendheime und noch viele andere Gebäude im Besitz der Kirchenstiftungen gehen wird, ist naheliegend. Es dürfte aber ebenso klar sein, dass es sich auch um ein Nachdenken über die ausgeweitete oder erweiterte Nutzung von Kirchenräumen als solche wird handeln müssen.

Ein erstes Hindernis in der Diskussion um die künftige bzw. erweiterte Nutzung von Kirchenräumen ist für mein Dafürhalten, dass oftmals und viel zu selbstverständlich nur von einer kirchlichen Nutzung im Sinne einer sonn- oder werktäglichen Eucharistiefeier ausgegangen wird. Dabei schränkt diese Sichtweise das Verständnis für die künftige Nutzung eines Kirchenraums viel zu sehr ein. Hingegen ist „die Liturgie der Gipfel, dem das Tun der Kirche zustrebt, und zugleich die Quelle, aus der all ihre Kraft strömt", wie es die Liturgiekonstitution des Zweiten Vatikanischen Konzils in Art. 10 benennt. Die Verengung des Verständnisses dieser Aussage auf die Eucharistiefeier[18], wovon hier nicht die Rede ist, steht einem weitergehenden Nachdenken und Überlegen in Bezug auf die künftige Nutzung von Kirchenräumen im Wege.

Die vielfältigen Bemühungen um eine Wiederbelebung des Stundengebetes[19] in den Gemeinden oder auch von sonntäglichen Wort-Gottes-Feiern[20], denen entsprechend ausgebildete und beauftragte Laien vorstehen können, zeigen – auch im Blick auf die vielerorts erheblich rückläufigen Zahlen der Geistlichen –, dass es hier neuer Überlegungen bedarf, wie Gotteshäuser lebendig gehalten und liturgisch bespielt werden.

32

Ein erster Schritt wäre dabei, dass der Erhalt kirchlicher Gebäude sich nicht alleine auf die darin zelebrierte Eucharistiefeier bezieht, sondern die vielfältigen liturgischen Formen mitdenkt. Es zeigt sich beispielsweise in Thüringen, dass neue Nutzungsideen für Kirchengebäude, die in großer Zahl außer Gebrauch waren, zu einer Wiederbelebung der Räume und letztlich sogar zu deren erneuter liturgischer Nutzung führen können.[21]

Denkbar ist ebenso, dass im Falle einer teilweisen veränderten Nutzung eines Kirchenraums eigens ausgewiesene Teile als liturgischer Raum erhalten werden (vgl. in diesem Buch die Beispiele aus Augsburg, St. Joseph, oder Passau, ehem. Seminarkirche St. Valentin). Damit bleibt die Zeichenhaftigkeit des ursprünglichen großen Kirchenraums äußerlich im Erhalt des Ensembles bestehen (vgl. dazu auch den Umbau mit deutlicher Verkleinerung des ehem. Kirchenraums in St. Anton, Schweinfurt[22]). In eine ähnliche Richtung gehen auch zahlreiche Transformationen von katholischen Kirchen in Kirchenkolumbarien[23], wie etwa St. Josef in Aachen[24], Liebfrauen in Dortmund[25] oder Heilige Familie in Osnabrück[26]. Zugleich eröffnet ein weiterhin als verkleinerter Kirchenraum oder auch als Kapelle nutzbarer Raumteil, oftmals der ehemalige Chorraum, eine künftige liturgische Nutzung; so ist es in dem Aachener wie dem Dortmunder Kirchenkolumbarium, so ist es aber auch in St. Valentin in Passau und St. Anton in Augsburg der Fall.

Heilig-Geist-Kirche, Olpe
Schilling Architekten

Ausblick – ‚Transformation'[27] statt Umnutzung

Angesichts der Fülle an Literatur zum Thema Kirchen(um)nutzung und vor allem unter Berücksichtigung der vielfältigen existierenden Beispiele ist es für die katholischen (Erz-)Bistümer wie auch für die evangelischen Gliedkirchen in Süddeutschland ratsam, sich mit großer Umsicht den anstehenden Themen der ver- oder geänderten Nutzung von Kirchen zuzuwenden. Vielleicht ist es hilfreich, sich schon in der Begrifflichkeit neu zu positionieren und künftig weniger oder gar nicht mehr von Umnutzung zu sprechen – Kirchen nutzen wir ja schon heute nicht, wir sind als Gläubige, als Christen die Eingeladenen, die dort im sakralen Raum Gott begegnen können –, sondern vielmehr von Transformation. Wir wollen schließlich unsere sakralen Räume weiterentwickeln, ihnen neue Inhalte hinzufügen oder länger verschüttete wieder aufleben lassen. Wir wollen sie nicht aufgeben, schon gar nicht veräußern oder abreißen[28].

Wenn das auch weiterhin unser Anliegen und unser Ziel ist, dann gilt es, zuallererst zu bedenken, was der Pastoraltheologe Wolfgang Beck unlängst formulierte: „Nicht die intensiv diskutierten Nachnutzungsmodelle sind das eigentliche Problem, sondern die kaum problematisierte, aber einschneidende Nutzungsänderung, die sich still durch ausbleibende Nutzung der Kirchen infolge veränderter, spätmoderner Religionspraxis ergibt. Wo Menschen gottesdienstliche Angebote in sehr viel geringerem Umfang nutzen bzw. das Aufsuchen von Kirchengebäuden nicht als Bestandteil ihrer Religionspraxis verstehen, kommt es bereits zu einer veränderten Nutzung. Der leerstehende, ungenutzte Sakralraum ist bereits die tiefgreifende Nutzungsänderung!"[29]

Wir müssen unsere Kirchenräume transformieren und – mit viel Kreativität und auch Mut – nach neuen, veränderten wie erweiterten Formen der Öffnung unserer Sakralbauten suchen. Beispiele, wie sich Kirchengebäude den sie umgebenden Sozialräumen zuwenden können, gibt es bereits. Eigens hervorgehoben seien zum einen die beiden Gewinnerprojekte, des von der Wüstenrot Stiftung 2016 durchgeführten bundesweiten Wettbewerbs ‚Kirchengebäude und ihre Zukunft': die katholische Heilig-Geist-Kirche in Olpe und das evangelische Stadtteilzentrum Q1 – Eins im Quartier in Bochum-Stahlhausen.[30] Zum anderen die für ihr gleichermaßen soziales wie sozialräumliches Engagement 2021 mit dem Zap-Innovationspreis[31] ausgezeichnete Arbeit der im wahrsten Wortsinn offenen Stuttgarter St. Marien-Kirche[32].

Q1 – Eins im Quartier – Haus für Kultur,
Religion und Soziales, Bochum

1   Ohne weitere konkrete Nachweise beziehe ich mich im Folgenden auf meinen Vortrag ‚Transformation von Kirchenräumen – Welche Zukunft haben unsere sakralen Gebäude?', gehalten in Nürnberg, Caritas-Pirckheimer-Haus, Veranstalter: Kath. Akademie in Bayern / KEB im Erzbistum Bamberg, 1. April 2022, sowie Walter Zahner, Zukunft unserer Kirchengebäude. Von der Notwendigkeit und den Chancen der Kirchenumnutzung, in: Anzeiger für die Seelsorge 131, 2022, Heft 6, S. 11–15.

2   Vgl. dazu https://www.dbk.de/fileadmin/ redaktion/Zahlen%20und%20Fakten/ Kirchliche%20Statistik/Katholiken%20u nd%20Gottesdienstteilnehmer/2021-Tab-Katholiken-Gottesdienstteilnehmer_ 1950-2021.pdf (letzter Abruf: 6. 11. 2022).

3   Alle publiziert unter dem Titel ‚Neue Nutzungen von alten Kirchen...', Berlin 1988 bis 1994.

4   Bonn ²1997 (Schriftenreihe des Deutschen Nationalkomitees für Denkmalschutz, Bd. 56).

5   Bonn 2001 (Schriftenreihe des Deutschen Nationalkomitees für Denkmalschutz, Bd. 63).

6   Vgl. Bauwelt 97, 2006, Heft 5 mit dem Titel ‚Überflüssige Kirchen'. Hier finden sich interessante Beiträge von Herbert Fendrich, Die „weiteren Kirchen" des Bistums Essen, S. 10–13, oder auch von Rainer Fisch, Neue Nutzungen für Kirchen, S. 14 f., und Herbert Fendrich / Georg Kronenberg: „Wind of Change"? Was das Bistum Essen mit seinen Kirchen macht, in: Kirchen – Nutzung und Umnutzung. Kulturgeschichtliche, theologische und praktische Reflexionen. Hg. von Angelika Büchse / Herbert Fendrich / Philipp Reichling / Walter Zahner. Münster 2012, S. 141–168, hier S. 157 f.

7   Z. B. Rainer Fisch. Umnutzung von Kirchengebäuden in Deutschland. Eine kritische Bestandsaufnahme. Bonn 2008; Jessica Wehdorn, Kirchenbauten profan genutzt. Der Baubestand in Österreich. Innsbruck u. a. 2006; Martin Brendenbeck, Die Zukunft der Sakralbauten im Rheinland. Regensburg 2015; Sonja Keller, Kirchengebäude in urbanen Gebieten. Wahrnehmung – Deutung – Umnutzung in praktisch-theologischer Perspektive. Berlin u. a. 2016; Maximilian Gigl, Sakralbauten. Bedeutung und Funktion in säkularer Gesellschaft. Freiburg u. a. 2020.

8   Z. B. Erweiterte Nutzung von Kirchen – Modell mit Zukunft. Hg. von Manfred Keller / Kerstin Vogel. Berlin 2008 (Tagung in Weimar 2008); Kirche leer – was dann? Neue Nutzungskonzepte für alte Kirchen. Hg. von Dt. Stiftung Denkmalschutz / Vereinigung der Landesdenkmalpfleger in der Bundesrepublik Deutschland. Petersberg 2011 (Tagung 2009 in Mühlhausen / Thüringen); Kirchen im Dorf lassen. Erhaltung und Nutzung von Kirchen im ländlichen Raum. Hg. von dies. Rheinbach o. J. (Tagung 2011 in Marburg / Lahn); Kirchen – Nutzung und Umnutzung (Tagung 2010 in Mülheim); Kirche im Wandel. Erfahrungen und Perspektiven zur Transformation von sakralen Räumen, Bd. 1. Münster 2022 (Online-Tagung von Transara 2021).

9   Um nur ein Beispiel zu nennen: Kirche 2.0. Transformation. Hg. von Günter Pfeifer. Freiburg 2008, das studentische Arbeiten des Fachgebiets Entwerfen und Wohnungsbau, TU Darmstadt, zeigt.

10   Baukulturbericht 2018/19: Erbe – Bestand – Zukunft. Potsdam 2019, S. 87–89; die im folgenden genannten Zahlen ebenda, S. 88.

11   Meines Wissens gibt es bei den Antworten keine Unterscheidung von katholischen und evangelischen oder nicht-konfessionell Gebundenen.

12   Institut für Demoskopie Allensbach, Reaktion der Bevölkerung auf die Umwidmung von Sakralbauten. Umfrage im Jahr 2009 (mit 1853 Interviews sowie 35 ausführlicheren Tiefeninterviews), vgl. https://www.ifd-allensbach.de/ fileadmin/studien/7442_Sakralbauten.pdf (letzter Abruf: 28. 2. 2022).

13   Vgl. (ohne Autor/in), Droht Kirchen Schließung?, in: Mittelbayerische (Zeitung für Regensburg) vom 13. 12. 2021.

14   Vgl. Harald Hein / Matthias Ludwig, Evangelisch-Lutherischer Kirchenbau in Bayern im 21. Jahrhundert. Tendenzen und Ausblick, in: a. a. O. Hg. von Hans-Peter Hübner / Helmut Braun. Berlin/München 2010, S. 99–107; bes. S. 101 f.

15   Vgl. https://www.bundesstiftung-baukultur.de/publikationen/ baukulturbericht/2022-23 (letzter Abruf: 1. 11. 2022).

16   Vgl. dazu einige Beiträge der Transara-Jahrestagung 2022 ‚Immobilie Kirche' vom 30. 9. bis 1. 10. 2022 an der Universität Regensburg.

17   Vgl. die Hinweise bei Lilian Beck, Zurück in die Fläche, in: Bauwelt 113, 2022, Heft 20 (= StadtBauwelt 235), S. 16–19 und insbesondere https://neueland-lust.de/ (letzter Abruf: 1. 11. 2022).

18   So bereits während des Zweiten Vatikanischen Konzils diskutiert; vgl. dazu Die Konstitution des Zweiten Vatikanischen Konzils über die Heilige Liturgie. Lateinisch-deutscher Text mit einem Kommentar von Emil Joseph Lengeling. Münster 21965 (Reihe: Lebendiger Gottesdienst, Heft 5/6), insb. S. 31 (Zitat) u. S. 32 f. (Erläuterungen).

19   Vgl. z. B. Achim Budde, Gemeinsame Tagzeiten. Motivation – Organisation – Gestaltung. Stuttgart 2013 (Praktische Theologie heute, Bd. 96); ders., Ein Netzwerk für liturgische Alltagsspiritualität. Das Ökumenische Stundengebet, in: Wo wir Gast und Gastgeber sind. Burg Rothenfels – seit 100 Jahren unsere Burg. Hg. von der Vereinigung der Freunde von Burg Rothenfels e. V. Würzburg 2019, S. 80 f.; ders. / Dominik Bodenstein, Einladende Ökumene. Gemeinsame Gottesdienste mit unterschiedlichen Konfessionen feiern, in: Gottesdienst extra: Einladend feiern. Gottesdienst als Teil einer kirchlichen Willkommenskultur. Freiburg 2022, S. 22 f.

20 Vgl. zuletzt Gunda Brüske, Und Gott gab uns sein Wort. Einführung in die Wort-Gottes-Feier. Regensburg 2022.

21 Zur Ideenfindung vgl. 500 Kirchen – 500 Ideen. Neue Nutzung für sakrale Räume. Im Auftrag der Evangelischen Kirche in Mitteldeutschland (EKM) und Internationale Bauausstellung (IBA) Thüringen, Hg. von Jürgen Willinghöfer / Lars Weitermeier. Berlin 2017, erschienen im Rahmen des Projektes Stadtland: Kirche – Querdenker für Thüringen 2017, und dann in der Folge Ein neuer Typus Kirche. Hybride öffentliche Räume. Im Auftrag der EKM und IBA Thüringen, Hg. von Jürgen Willinghöfer. Berlin 2021, erschienen im Rahmen des 29. Evangelischen Kirchbautags 2019 in Erfurt; hier werden auf S. 49–141 acht beispielhafte neue Nutzungen von Kirchen aufgezeigt.

22 Vgl. dazu auch Jürgen Emmert, Sehnsucht nach heiligen Räumen. Transformation von Kirchen am Beispiel von St. Anton in Schweinfurt, in: das münster 75, 2022, S. 233–235, und Christian u. Peter Brückner, Die Kraft von St. Anton und die Essenzen des Bauens, in: ebenda, S. 235–240.

23 Vgl. dazu Barbara Happe, Urnenbeisetzungen in Kirchen – die neue Verbindung von Lebenden und Toten?, in: das münster 63, 2010, S. 258–270, und Sieglinde Klie, Bestatten in Kirchen, Erinnerungslandschaften, Bestattungskultur, in: Kirche im Wandel. Erfahrungen und Perspektiven zur Transformation von sakralen Räumen (Bd. 1). Hg. von Albert Gerhards. Münster 2023, S. 139–151.

24 Vgl. dazu meinen Beitrag: Kolumbarien als Orte des Gedenkens, Vortrag am 8. 9. 2022 in Mainz, Erbacher Hof, im Rahmen der Studientage Kunst und Liturgie ‚Gedenke, Mensch … Orte gesellschaftlicher und kirchlicher Erinnerungskultur in Geschichte und Gegenwart'. Zu St. Josef in Aachen vgl. z. B. Gabriele Eichelmann, Pastoral an einer Grabeskirche am Beispiel der katholischen Grabeskirche St. Josef in Aachen, in: Letzte Heimat Kirche. Kolumbarien in Sakralräumen. Hg. von Folkert Fendler u. a. Leipzig 2014, S. 133–149.

25 Vgl. z. B. Emanuela von Branca / Sabine Haft, Liebfrauenkirche Dortmund. Umnutzung der Kirche zum Kolumbarium, in: das münster 63, 2010, S. 32–36; Uta Winterhager, Zwischen Erde und Himmel, in: db (= Deutsche Bauzeitung) 147, 2013, Heft 4, S. 32–37.

26 Vgl. dazu Monika Schmelzer, Zeugnisse des Auferstehungsglaubens. Zwei Kolumbariumsentwürfe für Hannover und Osnabrück, in: das münster 63, 2010, S. 26–31, insb. S. 29ff.

27 Diesen Begriff verwendet ebenso das aktuell laufende DFG-Forschungsprojekt, vgl. dazu den einführenden Beitrag dieses Bandes von Projektleiter Albert Gerhards, aber auch ders., Die Zukunft der Kirchengebäude. Zu einem Forschungsprojekt ‚Sakralraumtransformation', in: Liturgisches Jahrbuch 72, 2022, S. 3–16.

28 Vgl. zum Ganzen die Festlegungen der Deutschen Bischöfe, die schon 2003 den Abriss eines Kirchengebäudes als „Ultima Ratio" bezeichneten; Umnutzung von Kirchen. Beurteilungskriterien und Entscheidungshilfen. Hg. vom Sekretariat der Deutschen Bischofskonferenz. Bonn 2003 (Arbeitshilfen 175), hier S. 21. Eine Überarbeitung ist schon seit mehreren Jahren angekündigt.

29 Wolfgang Beck, Von der Deformation des Sakralraums durch seine Separierung. Mit der Frage der Nachnutzung von Kirchen werden tieferliegende Probleme sichtbar, in: Anzeiger für die Seelsorge 131, 2022, Heft 11, S. 36-40, hier S. 39.

30 Vgl. dazu ausführlich Kirchengebäude und ihre Zukunft. Sanierung – Umbau – Umnutzung. Hg. von Wüstenrot Stiftung. Ludwigsburg 2017, die Beispiele finden sich S. 102–109 (Olpe) u. S. 110–115 (Bochum); ebenda sind auch zahlreiche weitere interessante Umbauten zu finden.

31 Zentrum für angewandte Pastoralforschung mit Sitz in Bochum, einen zweiten Standort hat es derweil in Freiburg, https://zap-bochum.de/ ?s=zap+innovationspreis (letzter Abruf: 6. 11. 2022).

32 Vgl. dazu https://www.st-maria-als.de sowie zuletzt Christian Bauer, Heiligkeit jenseits des Sakralen? St. Maria in Stuttgart – ein dritter Weg der Kirchennutzung, in: Liturgisches Jahrbuch 72, 2022, S. 17–33.

IV   Kirche Raum Zukunft
      Wie kreative Entwicklung vorantreiben?
      Benita Meißner

Eine Auswahl von 137 ehemaligen katholischen und evangelischen Kirchen

- ● Museum
- ◇ Veranstaltungs-/ Gemeindezentrum/ Konzertraum
- △ Bibliothek
- ⬠ Gastronomie
- ◇ Synagoge
- ✕ Wohnhaus
- ■ Kindergarten
- ◎ Moschee
- ★ Galerie/ Ausstellungsraum
- ▽ Fitness-/Tanzstudio
- ⬭ Bestattungsinstitut
- ⬧ Seniorenheim/ Seniorenzentrum
- ⌇ Sparkassenfiliale
- ◖ Indoor-Spielplatz
- ☾ Zahnarztpraxis
- ⬒ Kino

Ausgangssituation

Die Bedeutung der Kirche in der Gesellschaft nimmt seit einigen Jahrzehnten stetig ab. Seit ein paar Jahren häufen sich Publikationen und Tagungen in Deutschland zum Thema ‚Kirche im Wandel'[1], die sich mit der Notwendigkeit und den Möglichkeiten von Kirchenumnutzungen beschäftigen. Ziel ist es, mit vereinten Kräften auf katholischer wie evangelischer Seite über das Wie einer gelingenden Transformation nachzudenken. Die Wochenzeitung ‚Die Zeit' präsentierte in einer ihrer berühmten Deutschlandkarten[2] eine Auswahl von 137 ehemaligen katholischen und evangelischen Kirchen, die neue Möglichkeiten der Nutzung umgesetzt haben: Vom Museum bis zur Zahnarztpraxis ist dort alles geboten. Auffällig an dieser Karte ist, dass die eingezeichneten Orte – mit wenigen Ausnahmen – nur in Mittel- und Norddeutschland liegen. Unterschiedliche Phänomene führten dazu, dass die Auswirkungen der festgestellten ‚Fortgeschrittenen Säkularisierung'[3] die Landeskirchen und Bistümer in Bayern und Baden-Württemberg zeitlich versetzt erreichten. Im Jahr 2022 angekommen, äußert sich auch die Erzdiözese München und Freising bereits anders über ihre Liegenschaften als noch im Jahr 2018, in dem die preisgekrönte Kirche Seliger Pater Rupert Mayer von Andreas Meck Architekten eingeweiht worden war. Dieser Neubau in Poing wird auf absehbare Zeit der letzte neu geweihte Kirchenbau des Erzbistums bleiben. Das strategische Zielbild für den Gesamtstrategieprozess der Erzdiözese München und Freising formuliert die allgemeine Situation folgendermaßen: „Wir stehen vor großen Herausforderungen und Veränderungen, in der Kirche insgesamt und auch ganz konkret hier in der Erzdiözese München und Freising. ‚Das haben wir schon immer so gemacht' kann und wird nicht das Leitwort für uns sein."[4]

Kirche als Kommunikationsort

Wie kann man über die Gemeinde hinaus einen Ort für die Gesellschaft öffnen? Neben der Symbolkraft der Kirchengebäude für die christliche Gemeinschaft sind sie auch allgemeine Orientierungs- und Identifikationspunkte in der Stadt. Bei den angedachten Transformationen geht es nicht nur um die Zukunft des Kirchenraums, im Sinne eines architektonischen Erbes, sondern um die Zukunft der Kirche als Gemeinschaft der Gläubigen. Sakrale Räume werden von breiteren Teilen der Gesellschaft als öffentliche Räume wahrgenommen, die wichtiger denn je werden in Zeiten knapper werdenden Privatraums und kleinerer Wohnungen in verdichteten Städten.

Die Ausstellung ‚Kirche Raum Gegenwart' sowie das begleitende Buch stellen bereits durchgeführte Beispiele für die Transformation von Kirchenräumen in beiden großen Kirchen in Süddeutschland vor, und laden ein, über Veränderungen nachzudenken, die eine Zukunft des Zusammenspiels von Kirche, Raum und gegenwärtigen Bedürfnissen der Gesellschaft erfordern und ermöglichen. So werden vier Ideenskizzen für jeweils einen speziellen Kirchenraum vorgestellt, die wiederum von einem Duo aus Kunstschaffenden und/oder Architekt*innen entwickelt wurden. Die Initiator*innen des Projektes haben bewusst Kreative miteinbezogen, da künstlerische Arbeit in ihrem Wesen interdisziplinär ist sowie über ein offenes Schauen und Verstehen-Wollen ein inspiriertes Vorgehen möglich macht. Dies wird deutlich, wenn man sich mit den erarbeiteten Ergebnissen auseinandersetzt: Man kann hier von einer Evaluierung des Kirchenpotenzials durch die Kunst sprechen.

Reflexion – Vertiefung – Positionierung

Die erste Aufgabe des Projektteams war es, vier Gemeinden zu finden, die offen für Veränderung waren oder die sich bereits in einer Situation befanden, in der ein baldiges Handeln erforderlich werden würde. Die Gemeinde und die Leiter*innen der Kunstreferate oder Bauabteilungen unterstützten die Projekte, indem sie die Hälfte der vereinbarten Honorare übernahmen und die Kunstschaffenden vor Ort aktiv begleiteten. Bis Pfingsten 2022 hatten bereits die ersten Treffen zwischen Gemeinden und den Duos vor Ort stattgefunden.

Die Gespräche waren geprägt von einem großen Interesse aller Beteiligten an der zu bewerkstelligenden Aufgabe. Die formulierte Aufgabenstellung war sehr weit gefasst: Es sollte ein Nachdenken erfolgen über ‚aufgeschlossene Kirchenräume‘ – Kirchen, die liturgische Orte bleiben und sich gleichzeitig für Neues öffnen. Das war sowohl eine besondere Herausforderung für die meist völlig ortsfremden Duos, als auch wichtig für das Gelingen des Projektes. So war es möglich, über die Routine hinaus und frei von jeglichen Auflagen neue Nutzungskonzepte zu erarbeiten.

Die erarbeiteten Entwürfe spiegeln wider, was möglich sein könnte:

In St. Martin in Leutkirch (Allgäu) besteht der Wunsch der Gemeinde, den Kirchenraum in der Zukunft flexibler zu nutzen. Obwohl es eine Reihe von Liegenschaften der katholischen Kirche im Ort gibt, soll auch die Möglichkeit bestehen, in die ‚Leutekirche‘ zu anderen Veranstaltungsformaten einladen zu können. Ursula und Tom Kristen haben die Gemeinde anhand eines digitalen Entwurfs auf eine Reise mit in die Zukunft genommen. Eingriffe im Raum, wie das Entfernen des Gestühls, werden mit einem Klick sichtbar und können wieder rückgängig gemacht werden.

In St. Wendelin, in Langenprozelten, ist es Karina Kueffner und Ludwig Hanisch gelungen, der Gemeinde – mithilfe eines selbst entwickelten Fragebogens – die unausgesprochenen Wünsche und Sorgen herauszuarbeiten. Mittels eines 3-D-Modells ist es nun möglich, räumliche Veränderungen spielerisch darzustellen. So wird dem Wunsch nachgegangen unter der ausladenden Empore Platz zu schaffen für ein Gemeindeleben in der Kirche. Der entwickelte Hashtag #43ENGEL soll direkt am Eingang der Kirche montiert werden und dazu einladen, sich mit den Besonderheiten von St. Wendelin auseinanderzusetzen.

Jutta Görlich und Peter Haimerl haben erkannt, dass die evangelische Lätarekirche in München-Neuperlach bereits vielfach genutzt wird: Von Winterkino über Konzert bis Mittagstisch für Bedürftige – hier wird viel getan, aber es wird nicht sichtbar. Vor allem die nächste Nachbarschaft aus den großen Wohnblocks in der Umgebung sollen nun über eine selbstbewusste und gleichzeitig niederschwellige LED-Lichtinstallation im öffentlichen Raum aufmerksam gemacht werden.

Die Wengenkirche, St. Michael in Ulm, die sich im Schatten des Ulmer Münsters befindet, wird ebenfalls zu einem Leuchtturmprojekt der katholischen Kirche im Entwurf des Künstlerduos ‚Empfangshalle': Auf einem Laufband im Kirchenraum ist digitales Pilgern möglich. Dies wirkt sich auf das Seelenheil und das körperliche Wohlbefinden positiv aus, und die durch körperliche Arbeit erzeugte, elektrische Energie ermöglicht ein karitatives Angebot für Bedürftige.

Wir sind gespannt, was diese vier Entwürfe noch bewegen werden!

1   https://www.moderne-regional.de/
     kirche-im-wandel (letzter Abruf:
     16. 11. 2022).
2   Die Zeit. Magazin, 2. 2. 2018.
3   aus ‚Stilllegung und kirchliche Nach-
     nutzung von Kirchen'. Hg. vom Päpst-
     lichen Rat für die Kultur und die Delegier-
     ten der Bischofskonferenzen Europas,
     Kanadas, der Vereinigten Staaten und
     Australiens, 2018.
4   Gesamtstrategieprozess der Erzdiözese
     München und Freising. Strategisches
     Zielbild, München 2021. S. 5. Siehe:
     https://www.erzbistum-muenchen.de/
     cms-media/media-57352620.pdf
     (letzter Abruf: 17. 11. 2022)

49

1 Umwidmung zum Ausstellungsraum
St. Josef, Burghausen (profaniert)
2018

Die frühbarocke katholische Studienkirche St. Josef
in Burghausen wurde 1630/1631 vom Münchner Hof-
baumeister Isaak Pader (gest. 1635) in Anlehnung
an St. Michael in München errichtet und 1631 als Teil
des Jesuitenkollegs eingeweiht. Nachdem der Jesui-
tenorden 1773 aufgehoben wurde, ging die Kirche
zunächst an den Malteserorden über und 1807 an
die königliche Stiftungsadministration in Altötting.
Bereits 1809 wurde die Kirche durch französische
Truppen zum ersten Mal stark beschädigt. Die Wand-
pfeilerkirche wurde im Laufe der Geschichte mehrfach beschädigt und verändert. 1863 brannte die Kirche bis auf die Außenmauern ab und wurde danach
vereinfacht, in Anlehnung an das ursprüngliche
Erscheinungsbild, wiederaufgebaut.

Weitere Schäden entstanden im zweiten Weltkrieg, als die Kirche beschlagnahmt und als Lagerraum benutzt wurde. Eine erste Instandsetzung erfolgte 1952 und eine Restaurierung fand 1978 statt. Im Innenraum konnte von der früheren Ausstattung leider nur wenig erhalten werden, bis auf den sehenswerten Hochaltar (um 1730) des Burghausener Bildhauers Johann Jakob Schnabl. Der Hochaltar stand bis 1874 im Kongregationssaal des angegliederten Konvents des Kurfürst-Maximilian-Gymnasiums und wurde deshalb vom Feuer 1863 verschont. Seit 2012 wurden in der Josefskirche nur noch zum Patrozinium Gottesdienste gefeiert, ansonsten wurde der große Kirchenraum bereits für Ausstellungen genutzt.

Dompropst Michael Bär profanierte 2018 per Dekret den Jesuitenbau und übergab ihn der Stadt Burghausen. Das Gebäude wird nun von der Stadt verwaltet und auch unterhalten. Die besondere Akustik, die mit der Größe des Raums und der Architektur einhergeht, lädt nicht nur zu Ausstellungen ein, sondern auch zu musikalischen Experimenten und bietet besonders Klangskulpturen eine außerordentliche Entfaltungsmöglichkeit. (BM)

2 Transformation zur Wohnanlage
St. Elisabeth, Freiburg-Zähringen (profaniert)
Architekturbüro an der Milchstraße für
Gisinger Immobiliengruppe (Kirchengebäude)
Ingrid Maria Buron de Preser,
Buron Architecture (Glockenturm)
2013–2019

1963 bis 1967 erbaute Rainer Disse (1928–2008)
die katholische Pfarrkirche St. Elisabeth im Frei-
burger Stadtteil Zähringen als Ensemble aus Kirche,
Pfarrhaus und freistehendem Glockenturm. Der
minimalistisch-kubische Stahlbetonbau mit seinen
aus der Architektur herausgearbeiteten Strukturen
für Sakristei und Kapellen dominiert eine aufwendige Platzgestaltung mit bauzeitlichem Waschbeton-
belag, Sitzbänken in Sichtbeton und Brunnen.
Im Auftrag des Baumeisters entstand dereinst mit
den Künstlern Franz Gutmann (geb. 1928) und
Emil Wachter (1921–2012) im Inneren eine expres-
sive, der Architektur eng verbundene Ausstattung.

1   EG Wohnanlage M 1:600
2   EG Turm M 1:300

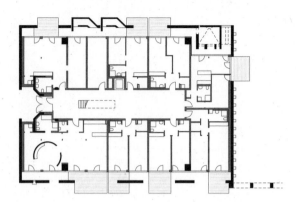

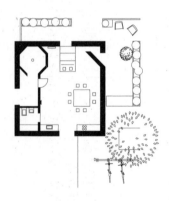

1997 wurde der sanierungsbedürftige Bau nach Fusion der Pfarrgemeinden St. Elisabeth und St. Konrad aufgegeben. 2006 erfolgten die Profanierung und zugleich die Unterschutzstellung. Bis Ende 2009 strebte man eine kulturelle Nachnutzung an. Lange Zeit war ein reversibler In-Haus-Umbau zu einem Konzerthaus für die ‚Ensemble-Akademie Freiburg' im Gespräch. Nachdem diese Überlegungen aufgegeben werden mussten, sollte das Gebäude 2010 abgerissen werden.

Buchstäblich in letzter Minute kaufte die Gisinger Immobiliengruppe in Freiburg das Grundstück, entwickelte das Baurecht, die Nutzungskonzeption, führte die Gespräche mit der Denkmalbehörde, der Kirchengemeinde, dem Ordinariat und gab den Umbau zu einem Wohnhaus in Auftrag, bei dem denkmalpflegerische und kirchenrechtliche Aspekte Berücksichtigung finden mussten. Erhalten blieben Kirchenportale, Fenster, die ehemalige Orgelempore sowie das deckenhohe Gefach der Sakramentskapelle. Diese sind im Inneren sichtbar, jedoch ist ihre ursprüngliche Wirkung nicht mehr erfahrbar.

Das Kirchengebäude wurde zwischen 2013 und 2015 vollständig entkernt, die Decke entfernt und die Außenwände teilweise geöffnet und mit zusätzlichen Klarglasflächen versehen. Gelb-orange farbige Fassadenelemente aus Aluminium (Alu-Dibond) treten zwischen den Resten der Kirchenfassade kontrastierend hervor und überragen diese um zwei Etagen. Es entstand das sogenannte ‚Church-Chill', eine moderne Wohnanlage über fünf Etagen mit 42 Wohneinheiten und einem lichtdurchfluteten Treppenhaus. Durch die vielen erhaltenen Details aus den unterschiedlichen Blickbeziehungen ist der ehemalige Sakrabau noch erkennbar, so auch in dem dominanten freistehenden Glockenturm. Dieser wurde von der Filmarchitektin und Designerin Ingrid Maria Buron de Preser erworben, die ihn anschließend zu einem Wohnturm umbaute. Seit 2019 sind in dem 22 m hohen, 7,5 mal 7,5 m umfassenden Stahlbetonmonolith auf vier Etagen mietbare Räume eingerichtet, in denen Betonästhetik und Glamour lifestylegerecht kombiniert wurde. Die begehbare Dachterrasse ist zeitgemäß im Urban-Gardening-Stil begrünt. (MK)

3   Einbau eines Kunstdepots
St. Martin, Graben-Lagerlechfeld
Stadtmüller Burkhardt Graf Architekten
Christian Hörl
2018–2022

1966 bis 1967 ließ das katholische Militärbischofs-
amt Berlin zusammen mit der Diözese Augsburg
die Kirche St. Martin als Kooperationsprojekt für die
lokale Militärseelsorge und die Gemeinde Lagerlechfeld von dem Architekten Helmut Haberbosch
erbauen. Auf einem annähernd quadratischen, mit
Backstein ausgefachten Betonsockel setzt ein hoch-
aufragendes Zeltdach mit beidseitig verglasten
Giebeln auf. Daneben steht ein breit gelagerter, ver-
klinkerter Campanile für die Glocken. Die Ausstattung der Kirche wurde von Blasius Gerg (1927–2007)
entworfen.

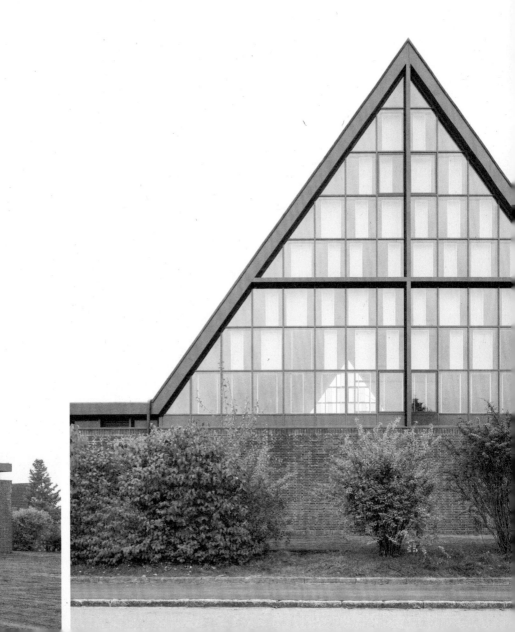

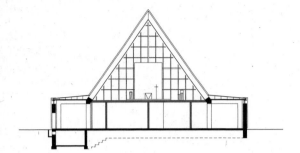

Aufgrund der Reduzierung des Personals auf dem Militärstandort wurde der für rund 350 Personen ausgelegte Innenraum mit zwei riesigen Seitenschiffen Ende der 1990er-Jahre allmählich zu groß und die aktive Kirchengemeinde vor Ort suchte nach neuen Kooperationspartner*innen. Das Bistum Augsburg war zeitgleich auf der Suche nach geeigneten Räumlichkeiten zur Einrichtung eines Kunstdepots und so setzten gemeinsame Planungen ein. 2011 wurde ein erster Architekturwettbewerb ausgelobt, an dessen Auswahl auch die Bürgerinnen und Bürger vor Ort beteiligt wurden. 2014 fiel der Entschluss zur horizontalen Teilung in zwei Geschosse zur simultanen Nutzung des Raums als Depot und als Kirche. Zum Zwecke des Umbaus wurde die Kirche am 27. Dezember 2020 profaniert und eine Zwischendecke auf Deckenhöhe des Seitenschiffniveaus respektive der Traufzone des Zeltdachs eingezogen. Die Neugestaltung des Kirchenraums im oberen Geschoss erarbeitete der Künstler Christian Hörl in enger Zusammenarbeit mit Architekten und Gemeinde. Die vorhandenen Prinzipalien wurden überarbeitet und um ein neues Gestühl und ein textiles Altarbild vor der verglasten Giebelwand ergänzt. Geweiht wurde der neue Raum am 18. Dezember 2022.

Zur Erschließung des neuen Kirchenraums über dem beibehaltenen Haupteingang wurde innen eine großzügige Rotunde eingebaut. Sie integriert den Aufgang ins Obergeschoss, die Sakristei und den Kreuzweg und verfügt darüber hinaus über einen Andachtsort. Mit dem maßgeblichen Einbau der Rotunde wurde nicht nur die ursprüngliche Zugangsrichtung und Orientierung des Raums nach Westen beibehalten, sondern auch die für den Bau markante Verwendung klarer geometrischer Formen konnte zukunftsträchtig fortgeführt werden. Der neu geschaffene Kirchenraum bietet mit einer flexiblen Bestuhlung Platz für rund 150 Personen. Der nördliche Seiteneingang fungiert zukünftig als Zugang zum Depot. (MK)

4 Umbau zum Veranstaltungsort
Trinitatiskirche, Mannheim
Mireille Solomon mit Daria Holme und Éric Trottier,
EinTanzHaus e.V., Mannheim
2017

Helmut Striffler (1927–2018) erbaute zwischen 1956 und 1959 die seit 1995 unter Denkmalschutz stehende evangelische Trinitatiskirche mitten im Mannheimer Wohnviertel G4. Kirche und Gemeindebauten (Kindergarten, Jugendräume, Diakoniestation) gruppieren sich um einen frei stehenden, 52 m hohen Glockenturm. Der kubische Sakralbau mit Satteldach und ringsum laufenden Einlassungen aus Glas ist ein architektonisches Meisterwerk. Er gilt mit seinem sich in tanzende Lichtreflexe auflösenden Inneren als eine der schönsten Betonkirchen Europas. Prinzipalien und Kirchenbänke sind nach Entwürfen des Architekten gefertigt. Die aufwendige Gestaltung der verglasten (Dalle-de-Verre) Betonhohlsteine übernahm der Maler Emil Kiess (geb. 1930) in Zusammenarbeit mit dem Glasatelier Gabriel Loire aus Chartres.

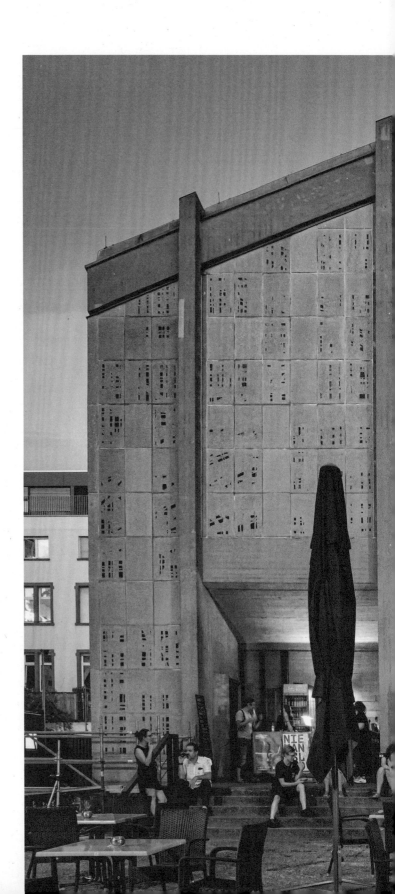

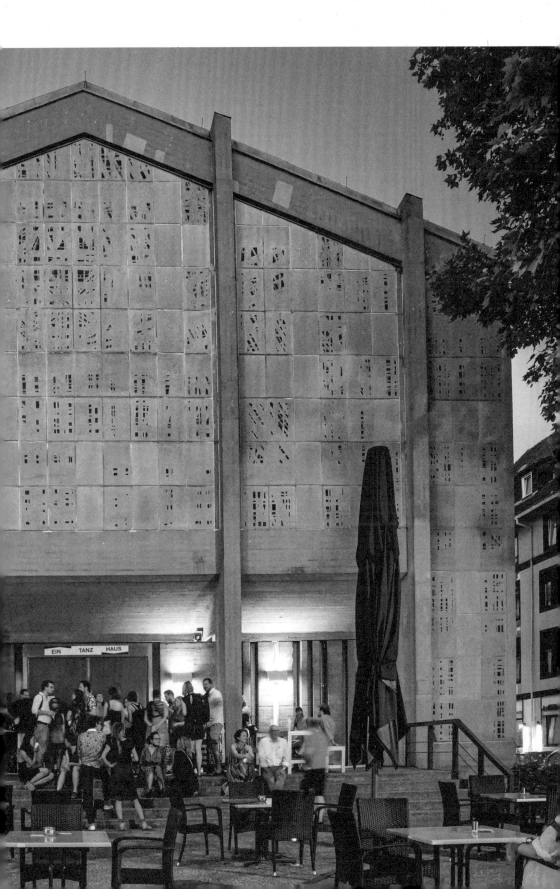

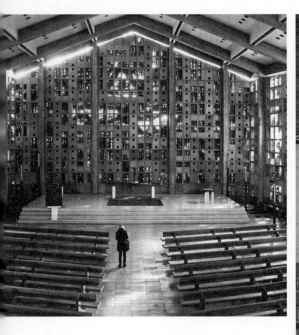

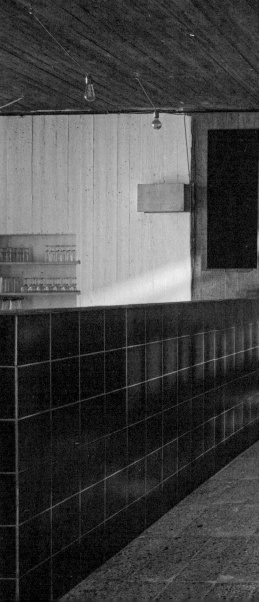

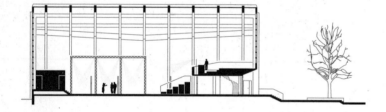

Durch die Fusion der evangelischen Innenstadt-
gemeinden wurde zu Beginn der 2000er-Jahre das
dringend sanierungsbedürftige Gebäude immer
unregelmäßiger genutzt und 2005 geschlossen.
Nach zehnjähriger Such- und Diskussionszeit, an
der sich Striffler selbst noch maßgeblich beteiligte,
wurde im Herbst 2015 von der Evangelischen Kirche
Mannheim ein zweistufiger Ideenwettbewerb zur
Zwischennutzung und Sicherung des Raums ausgeschrieben. Obwohl Striffler zu einem früheren Pla-
nungszeitpunkt einer Nutzung des Raums für Tanz-
aufführungen nicht zugestimmt hatte, konnte
letztlich das Konzept des Vereins EinTanzHaus e.V.
in Zusammenarbeit mit der Architektin Mireille
Solomon überzeugen. Gemeinsam entwickelte man
das Raumprogramm einer Spielstätte für modernen Tanz, bei dem sämtliche Einbauten reversibel
vorgenommen wurden. Die Erlebbarkeit der Raum-
architektur ist nur geringfügig eingeschränkt.
Kanzel, Taufbecken und Altar sind mit den Garde-
roben überbaut, während Bühne und Bühnentechnik
mittig in den Hauptraum integriert sind. Die Zu-
schauertribüne über dem Eingang hat die alten Kirchenbänke übernommen.

Kunstproduktionen, Unterrichtsangebote und
kooperative Veranstaltungen finden gleichberech-
tigt statt. Ein zunächst für fünf Jahre geschlossener
Pachtvertrag wurde 2022 um weitere fünf Jahre
verlängert. Eigentümerin des Hauses ist die Evangelische Kirche Mannheim, für die grundsätzlich die
Möglichkeit besteht, den Raum auch selbst zu nutzen. Die Zukunft des markanten, ebenfalls sanie-
rungsbedürftigen Kirchturms ist derzeit noch unge-
wiss. Seit 2017 ist er eingerüstet und 2020 stellte
die Kirchengemeinde einen Abrissantrag, dem
jedoch eine Sanierungs- und Instandsetzungskalku-
lation der Denkmalpflege gegenübersteht. (MK)

5 Integration von Gemeinderäumen
St. Bruder Klaus, Mosbach-Waldstadt
Erzbischöfliches Bauamt Heidelberg
2016

In den 1960er-Jahren bildet sich außerhalb von
Mosbach der neue Stadtteil Waldstadt, eine natur-
nahe Siedlung für 3000 Einwohnerinnen und
Einwohner. Als einziger größerer öffentlicher Ver-
sammlungsort diente das zeitgleich errichtete
katholische Gemeindehaus. Ende der 1970er-Jahre
wurde in direkter Nachbarschaft die St. Bruder Klaus
Kirche nach Plänen von Manfred Schmitt-Fiebig
(geboren 1924), dem damaligen Leiter des Erzbischöflichen Bauamtes Heidelberg, realisiert.

Nach 50 Jahren Nutzung wurden größere Sanierungsmaßnahmen des Gemeindehauses unumgäng-
lich. Die Gemeinde entschloss sich dazu, einen
neuen Gemeindesaal in den bestehenden großen
Kirchenraum zu integrieren und das alte Gebäude
abzureißen. Eine Verkleinerung des Kirchenraums
war zugleich eine Anpassung an die aktuellen
Bedürfnisse der zahlenmäßig schrumpfenden Gemeinde.

Der vom holländischen Strukturalismus inspirierte Kirchenbau erhebt sich als Zentralbau. Die Außenwände aus Ziegelsichtmauerwerk sind so angeordnet, dass sich zwischen den Wandstücken Versätze ergeben, die Raum für Zugänge ermöglichen. Das Konzept des Neubaus greift die Faltungen des Kirchendachs auf. Der neue Gemeindesaal sowie Nebenräume konnten im Bereich der bisherigen Werktagskapelle in einem Flügel eingepasst werden. Die Anzahl der Sitzplätze in der Kirche wurde von 400 auf etwa 240 reduziert, damit entfallen zwei der ursprünglichen Kirchenbankblöcke, wobei es eine zusätzliche Bestuhlung in einer neu eingerichteten Werktagskapelle gibt. Sowohl die Wand- und Dachflächen des Saaleinbaus spielen mit den sie umgebenden Raumflächen. Um die Wirkung des umlaufenden Oberlichtbandes nicht zu beeinträchtigen, bleibt der Saaleinbau in seiner Höhenentwicklung unterhalb dieses Fensterbandes. Der Kirchenraum ist daher mit seinem gefalteten Dach und dem zentralen Deckengemälde als Ganzes weiterhin wahrnehmbar. Der Platz für Altar, Ambo und Taufort wurde nicht verändert.

Der als eigenständiger Baukörper konzipierte Gemeindehauseinbau ragt aus der westlichen Außenwand der Kirche hervor. Auf diese Weise wird die ergänzende Nutzung des Sakralbaus auch von außen ablesbar. Eine große Glasfront sichert dem 90 m² großen Saal genügend Tageslicht und eine Verbindung mit dem neu angelegten Gemeindegarten. Eine Öffnung in der Längswand des Saals stellt eine Verbindung zum Kirchenraum her. Diese Verbindung bietet der Pfarrei viele Vorteile für ihr Gemeindeleben, wie etwa die Möglichkeit zur Kinderbetreuung während der Gottesdienste, die Kaffeerunde nach der Heiligen Messe oder die Verwendung als Winterkirche. Sowohl der Sakralraum als auch die Gemeinderäume sind barrierefrei erschlossen und die behindertengerechte WC-Anlage steht beiden Nutzungen zur Verfügung. (BM)

6   Umbau zur Jugendkirche
    Rogatekirche, München-Ramersdorf
    D2KP Architekten, Drescher Kubina & Partner
    2016–2017

1962 bis 1963 errichtete der Berliner Architekt
Werner Eichberg (1910–1985) die als Atriumbau um
einen kleinen Innenhof gruppierte Anlage aus evangelischer Kirche, Gemeinderäumen, Wohnungen
und Glockenturm, in dessen Sockel der Durchgang
eingelassen ist. Der seit 1999 denkmalgeschützte
Bau liegt im Münchner Stadtteil Ramersdorf unweit
einer Kreuzung zweier Hauptverkehrswege. Das
Satteldach des Kirchenraums wird im Inneren wie
ein Baldachin von vier schlanken Betonstützen ge-
tragen, die von den backsteinsichtigen, fensterlosen
Wänden leicht abgerückt sind. Tageslicht strömt
durch ringsumlaufende Oberlichter zwischen Wänden und Dach ein.

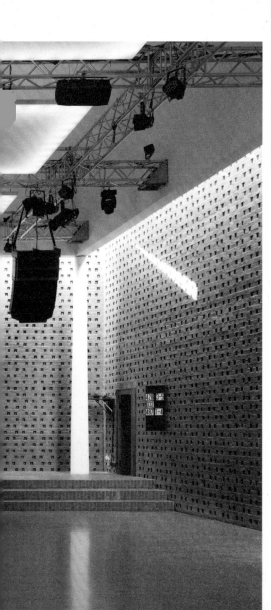

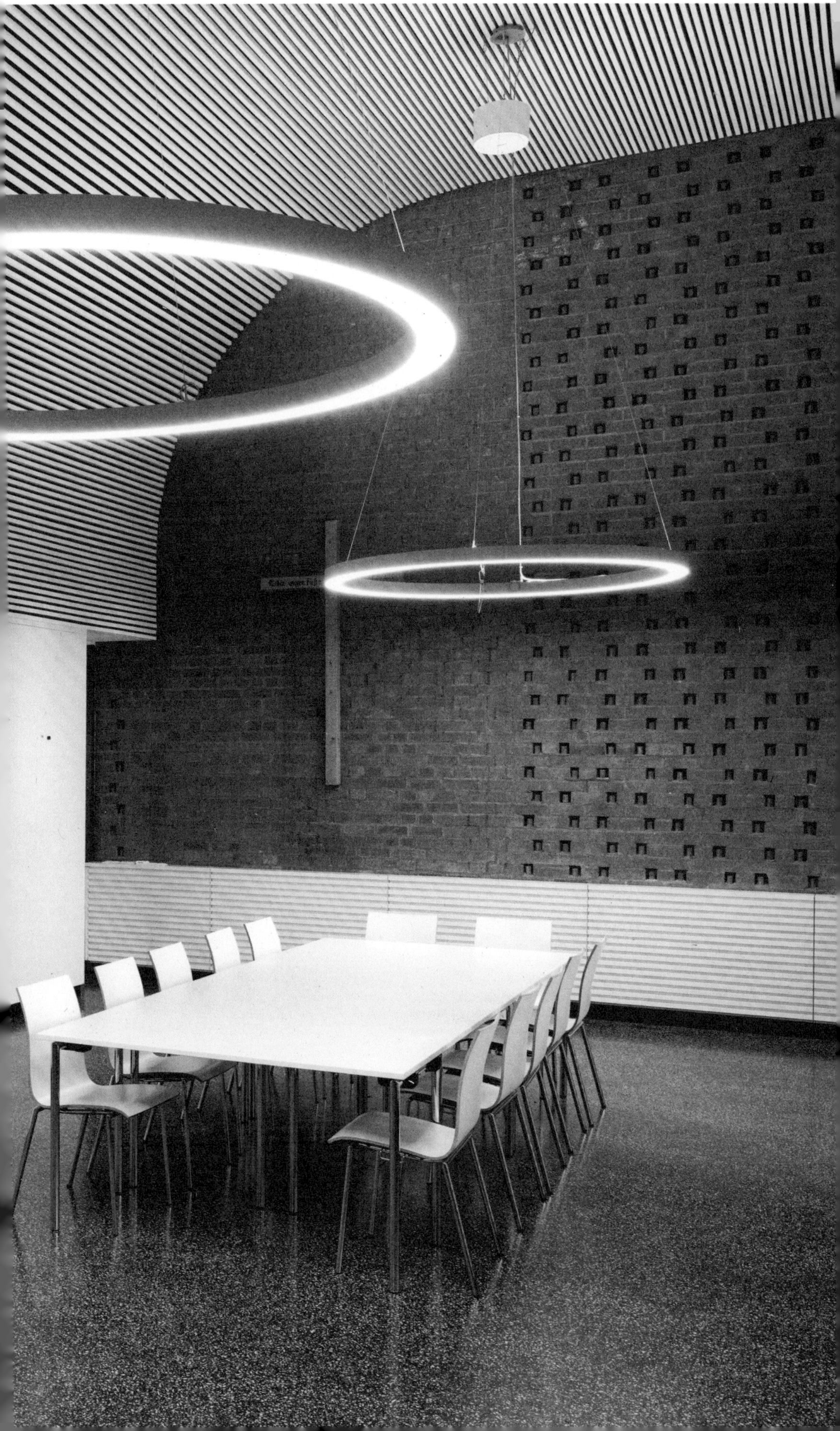

Schnitt M 1:600

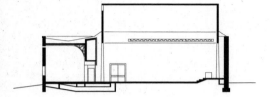

Die Gemeinde der Rogatekirche schloss sich in den 2010er Jahren bei Überlegungen zu einer erweiterten Nutzung ihrer Räume mit der Evangelischen Jugend München (EJM) zusammen, die seit 2005 nach einem geeigneten Bau zur Einrichtung einer Jugendkirche suchte. 2012 beschloss der Kirchenvorstand die kooperative Nutzung des Gemeindezentrums durch die EJM sowie die Kirchengemeinde. 2013 wurde ein Architekturwettbewerb ausgelobt. Die Finanzierung der Jugendkirche wurde 2014 durch einen Beschluss der Dekanatssynode abgesichert. Der Umbau erfolgte 2016 bis 2017, wobei nicht allein die Umgestaltung des Kirchenraums zu berücksichtigen war, sondern die Weiterentwicklung der Anlage zum zentralen Standort und zur Geschäftsstelle der EJM. Die Rogategemeinde fusionierte 2018 mit der benachbarten Offenbarungsgemeinde zum neuen Pfarrverbund ‚Sophie Scholl'.

Die sichtbaren architektonischen Veränderungen des Baus beschränken sich auf wenige Eingriffe. So wurde die Nordwestecke der Anlage verglast und mit einem Dachüberstand ergänzt, um dort einen Cafébereich als niedrigschwelliges Angebot zur Bad-Schachener-Straße hin einzurichten. An der Südflanke ist ein Neubau durch ein zweigeschossiges, gläsernes Treppenhaus angebunden worden. Die dominante Baldachinarchitektur des Innenraums ist mit einer flachen Decke für moderne Licht- und Tontechnik ausgestattet worden. So ist der eigentliche Kirchenraum mit wenigen Eingriffen zur flexiblen Multifunktionslocation für unterschiedliche Veranstaltungen im Rahmen der Jugendarbeit umgedeutet worden. Darüber hinaus wurde die gesamte Anlage umfassend saniert und neu aufgeteilt, um zusätzliche Büro- und Besprechungsräume zu gewinnen. (MK)

7 Umbau zur Diakoniekirche
   Evangeliumskirche, München-Hasenbergl
   Brechensbauer Weinhart + Partner Architekten
   2021–2023

Die denkmalgeschützte Evangeliumskirche samt
Nebengebäuden wurde 1962–1963 von den Münchner Architekten Helmut von Werz (1912–1990)
und Johann Christoph Ottow (1922–2012) erbaut.
Sie bildet den evangelischen Part des ökumeni-
schen Quartiers am Stanigplatz, neben der katholischen Kirche St. Nikolaus von Hansjakob Lill.
Die Betonreliefs innen und außen entwarf Karlheinz
Hoffmann (1925–2011). Adolf Kleemann (1904–1989)
gestaltete die raumhohen Fensterflächen hinter
dem Altartisch. Die Kombination aus rotem Klinker,
grün patinierten Kupferdächern und Betonfach-
werk hebt das Bauwerk von der konformen Wohnbebauung der Umgebung ab.

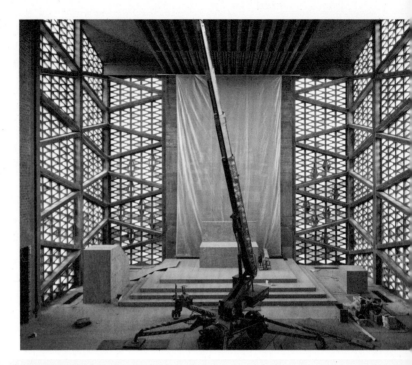

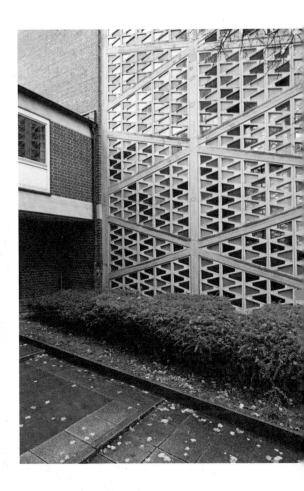

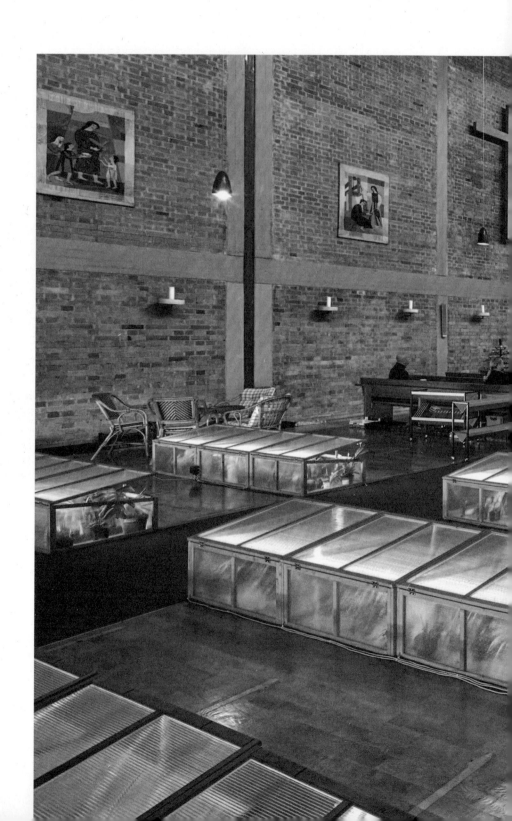

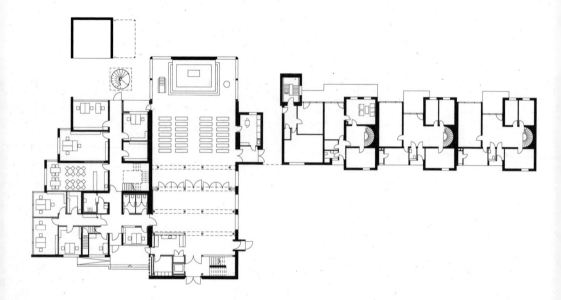

2014 gab die drastische Abnahme der Mitglieder einer zur Bauzeit um die 7500 Mitglieder umfassenden Gemeinde auf rund 1600 den Anstoß für Planungen zu einer erweiterten Nutzung des Gebäudes. Der große, sanierungsbedürftige und im Winter kaum noch heizbare Saal sowie der dringende Platzbedarf für die Aktivitäten der Diakonie im Stadtteil bildeten die Ausgangslage. Im März 2021 begann nach mehrjähriger Planung der Umbau. Das Münchner Architekturbüro Brechensbauer Weinhart + Partner Architekten (Nachfolgebüro des Büros Werz + Ottow) reduziert die Größe des Kirchenraums um etwa die Hälfte. Eine neue Rückwand für Orgel und Empore trennt diesen von einem lichtdurchfluteten Foyer, welches Kirche und Diakonieräume miteinander verbinden wird.

Die Charakteristik des ursprünglichen Innenraums mit seinen unverputzten Backsteinwänden und die Ausstattung bleiben weitestgehend erhalten. Die alten Kirchenbänke wurden umgearbeitet und verkürzt, sodass die Bestuhlung dadurch flexibler an verschiedene Anlässe angepasst werden kann. Die Zahl der Sitzplätze ist von ca. 400 auf 120 Plätze reduziert worden. Im vorderen Teil der Kirche bieten zwei eingefügte Zwischendecken nun eine dreigeschossige Nutzfläche. In Abstimmung mit der Denkmalpflege wurden an der Stirn- und Südseite des kubischen Längsbaus ziegelvergitterte Maueröffnungen in die Fassade eingelassen, um die neuen Räume mit Tageslicht zu versorgen. Insgesamt findet eine bauliche Verzahnung der neuen Bereiche statt, die das Miteinander der Partner vor Ort visuell erlebbar macht. Kirchen- und Diakoniearbeit gehen fließend ineinander über. Der Standort wird zusätzliche Außenwirkung durch die geplante Neugestaltung des südlichen Vorplatzes neben St. Nikolaus und durch die Abstimmung der Angebote vor Ort auf die Bedürfnisse der Menschen im Quartier erhalten. (MK)

8 Einbau von Gemeinderäumen
St. Theresia vom Kinde Jesu, Nürnberg
Guenther Dechant Architekt
2015–2016

Die katholische Kirche St. Theresia vom Kinde Jesu
hat sich aus einer 1931 errichteten Notkirche im
neu geschaffenen Nürnberger Stadtteil Hasenbuck
entwickelt. Schon 1937 erhielt St. Theresia den
Status einer eigenen Pfarrei und wurde von der Pfarrei Herz Jesu abgetrennt. Das Gebäude wurde im
Zweiten Weltkrieg schwer getroffen und danach
komplett abgerissen. 1948 wurde eine neu errichtete Kirche eingeweiht, die aber 2014 bereits sanierungsbedürftig war. Die Kirchenverwaltung entschied sich, ein auf Zukunft angelegtes Sanierungs-
konzept zu entwickeln. Diese Art des Umbaus zählt
zu den ersten im Erzbistum Bamberg und wurde
nach den folgenden Grundprinzipien konzipiert:
Erhalt des ursprünglichen Kirchengebäudes bei
Verkleinerung des Kirchenraums durch Abtrennung
von Gebäudeteilen und Integrierung von Pfarrver-
sammlungsflächen.

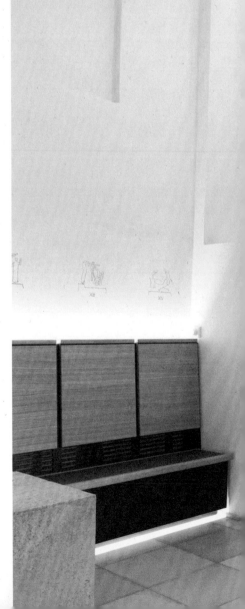

EG M 1:600

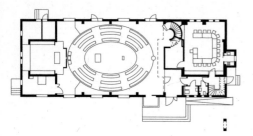

Für den Gottesdienstraum entsteht eine liturgische Neukonzeption: Elliptisch angeordnete Bänke schaffen einen Communio-Raum in dessen Hauptachse Altar, Ambo und Taufstein stehen. Das rhythmische Spiel der Tragkonstruktion unterstützt die Veränderungen in der Raumstruktur. Die vertikale Ausdehnung des Kirchenschiffes sowie die Verkürzung des Kirchenraums lassen eine neue Raumqualität erfahren; die neuen vertikalen, dreidimensionalen Kirchenfenster unterstützen dies noch. Eine frei stehende Wandscheibe vor dem Chorraum trennt eine Werktagskapelle ab, die den alten Altar integriert. Die Wandfläche zum Gottesdienstraum ist durchbrochen und ermöglicht die Sicht auf das ewige Licht. Die große, aus dem 19. Jahrhundert stammende Kreuzigungsgruppe erstrahlt am angestammten Platz in neuem Licht und ist ebenfalls vom neu entstandenen Kirchenraum aus sichtbar.

Bei der Sanierung ging es in der ersten Phase zum großen Teil um energetische Maßnahmen, die bei der Weiterentwicklung der Baumaßnahme nur noch die Hälfte des Gesamtvolumens ausmachten. Wirtschaftliche Aspekte für die Zukunft wurden bedacht, da im Bereich des Eingangs der ursprünglichen Kirche neuer Raum für die Gemeinde geschaffen wurde. Diese Versammlungs- und Gruppenräume sind auf zwei Ebenen angelegt und bieten Platz für Jugendgruppen, Seniorennachmittage, für den Kommunion- und Firmunterricht sowie für die Sitzungen der Kirchenverwaltung und des Pfarrgemeinderates. Des Weiteren besteht die Möglichkeit zur Umnutzung und Weiterentwicklung des Gesamtgeländes.

Im Außenraum wurden die Dachaufbauten sowie der Glockenturm am First entfernt. Das Geläut wurde in einer neuen frei stehenden Glockenstele in Sichtbeton untergebracht. Die Fensteröffnungen der Kirche wurden neu gegliedert. (BM)

9 Einbau von Büroeinheiten
St. Valentin, Passau
Walter Schwetz Architekt
Manfred Mayerle
2019

In der profanierten katholischen Kirche St. Valentin,
die zum früheren Knabenseminar St. Max gehörte,
wurden durch Walter Schwetz Architekten neue
Büroräume für das Bistum eingebaut. Schon unter
Bischof Wilhelm Schraml wurde die Seminarkirche
profaniert und 15 Jahre lang als Lagerraum für
das Archiv des Bistums genutzt. Mit dem Umbau
gelingt es, alle Mitarbeiter*innen des Bistums in
einem Gebäude unterzubringen. Trotz der beacht-
lichen Veränderung des Gebäudes zielt die neue
Gestaltung darauf ab, dass die ursprüngliche kirchliche Nutzung noch ablesbar ist.

Die Seminarkirche befand sich im ersten Stock des denkmalgeschützten Ensembles und war 30 m lang und 10 m hoch. Das Erdgeschoss mit Festsaal war nicht Teil der baulichen Maßnahme, das Dachgeschoss wurde ausgebaut und der ehemalige Kirchenraum vertikal geteilt. Die Integration von Büroräumen, Aktenlagern sowie Kreuzweg und Kapelle auf zwei Ebenen wurde mit dem Landesamt für Denkmalpflege abgestimmt. Die ursprüngliche Höhe des Kirchenraums bleibt im Treppenhaus noch ablesbar. Die Treppe wurde ohne sichtbare Stützpfeiler eingebaut und wirkt, als würde sie schweben. Die einzelnen Büros wurden durch sogenannte Glasschwerter verbunden, die es möglich machen, dass man vom ersten bis ins letzte Büro durchfluchten kann. Die Länge des ursprünglichen Raums ist außerdem am detailreichen, langen Wandgemälde des Kreuzwegs von Wilhelm Geyer ersichtlich. Der Kreuzweg wurde restauriert und durch ein Lichtkonzept neu inszeniert. Der davorliegende Gang führt zur neuen Kapelle, die an der Stelle des ursprünglichen Chores eingeplant wurde. Die besondere Atmosphäre in der Kapelle ist darauf zurückzuführen, dass hier ein Raum entstanden ist, der in enger Abstimmung zwischen dem Architekturbüro und dem Künstler Manfred Mayerle gemeinsam konzipiert wurde.

Auf den ersten Blick wird der Raum durch das große, kunstvoll gestaltete Kirchenfenster, das für das Presbyterium konzipiert war, bestimmt. Auf den zweiten Blick aber werden die Kunstgriffe von Manfred Mayerle und Walter Schwetz deutlich. Der Deckenspiegel ist in Dunkelblau gehalten und mit eingebauten, ansteuerbaren kleinen Lichtelementen versehen, sodass die Decke an einen Sternenhimmel erinnert. An den kurzen Seiten des Raums skandieren Lamellen die Wand und hinter dem Altar sind mittig drei Holzkörper, die mit Weißgold belegt sind, angebracht – das Symbol der göttlichen Dreieinigkeit. Altar und Ambo stehen sich gegenüber und die seitlich aufgestellten Sitzmöglichkeiten bilden so einen kleinen Communio-Raum. (BM)

10 Einbau eines Kolumbariums
St. Johannes d. T. und St. Martin, Schwabach
Empfangshalle
Corbinian Böhm und Michael Gruber
2019

Die evangelische Stadtkirche St. Johannes der Täufer und St. Martin wurde ab etwa 1410 im gotischen Stil errichtet. Reformation und Kriegswirren verschonten den Bau, wodurch fast alle Kunstschätze in originalem Zustand erhalten sind. Zwischen 2010 und 2015 wurde die Stadtkirche umfassend saniert. Die Gemeinde der Schwabacher Stadtkirche entschied sich 2019 – nach einem langen Konzeptionsprozess – dafür, einen Kunstwettbewerb auszurufen, um ein Kolumbarium in die weiterhin gottesdienstlich genutzte Kirche zu integrieren. Der Platz für die Urnenwand wurde von der Gemeinde ebenfalls definiert: der bislang weitestgehend ungenutzte Kirchturm. Innerhalb der Evangelisch-Lutherischen Kirche in Bayern ist dieser Bestattungsraum für Urnen das erste Kolumbarium und knüpft damit an eine jahrhundertelange Tradition an, im Kirchenraum zu bestatten.

Den Wettbewerb entschied das Münchner Künstlerduo Empfangshalle für sich mit einer Entwurfsidee, die den Tod als Teil des Lebens darstellt: Das Vergängliche geht eine Symbiose mit der immateriellen Ewigkeit des Lichts ein. Umgesetzt wurde die Idee in Kooperation mit Studio Tessin u. a. mittels 3D-Verfahren: Unterschiedliche polygonale Holzkammern aus Eiche schmiegen sich an die Wand des Turms an und formen so eine begehbare hufeisenförmige Wand. Die einzelnen Zellen können je nach Größe ein oder zwei Urnen aufnehmen. Die sowohl organische als auch heterogene Formgebung der Urnenfächer symbolisiert die individuelle Einzigartigkeit eines jeden Menschen, während ein indirektes Beleuchtungskonzept nicht allein den Raum erhellt, sondern auch jede einzelne Urne umschließt. Auch das Material der nach oben erweiterbaren Zellstruktur ist organischen Ursprungs. Die Gitterstruktur gibt die Form für die Zellen vor und ist an den Wänden des Turms befestigt. Dadurch sind die Zellen für die Betrachtenden kaum sichtbar miteinander verbunden und die einzelnen polygonalen Fächer scheinen zu schweben. Die Urnen selbst stehen in der hölzernen Kammer auf einem Teller, der mithilfe eines Ständers mit der Wabe verbunden ist.

Die polygonale Gitterstruktur ist auf der Rückseite mit LED-Lichtbändern ausgestattet. Das Licht wird über die weiße Wand diffus reflektiert und durch die unterschiedlich breiten Fugen und unbesetzten Waben in den Raum zurückgeworfen. Da die einzelnen Fächer keine Rückwand haben, wird bei einer Trauerfeier die Urne also direkt ins Licht gestellt. Auch nach der Schließung der Wabenfront besteht für die Angehörigen die Gewissheit, dass die Urne nicht in Finsternis eingeschlossen, sondern von Licht umhüllt bleibt. Die hölzerne Front wird mit den Namen und Lebensdaten der Verstorbenen versehen.

Der Eingang zum Kolumbarium steht in einer Achse mit dem polygonalen Taufstein der Kirche. So ist es der Gemeinde über die Transformation des Turms gelungen, eine Gegenüberstellung von Anfang und Ende des Lebens lesbar zu machen. (BM)

11 Neugestaltung Kirche und sozialcaritatives Zentrum
St. Anton, Schweinfurt
Brückner & Brückner Architekten
2018–2022

„Christlicher Glaube und caritatives Handeln gehören zusammen, diese Verbindung ist das besondere pastorale Merkmal der Gemeinde mit eindeutig
sozialem Schwerpunkt." (Brückner & Brückner
Architekten)

Am Rande der Schweinfurter Altstadt wurde die
katholische Kirche St. Anton 1950 bis 1952 nach den
Plänen Hans Schädels (1910–1996) errichtet und in
der Folge durch einen Klostertrakt, einen Kindergarten sowie ein Pflegeheim erweitert. St. Anton ver-
bindet architektonisch fortschrittliche Elemente
des Kirchenbaus der ersten Hälfte des 20. Jahrhunderts mit einer sich entwickelnden neuen Formen-
sprache. Der Grundriss basiert auf dem lateinischen
Kreuz, in dessen Zentrum sich aber ein vierungs-
artiger Mittelbau erhebt – so wird der Bau als eine
Kombination aus Wegkirche und Zentralbau wahrgenommen.

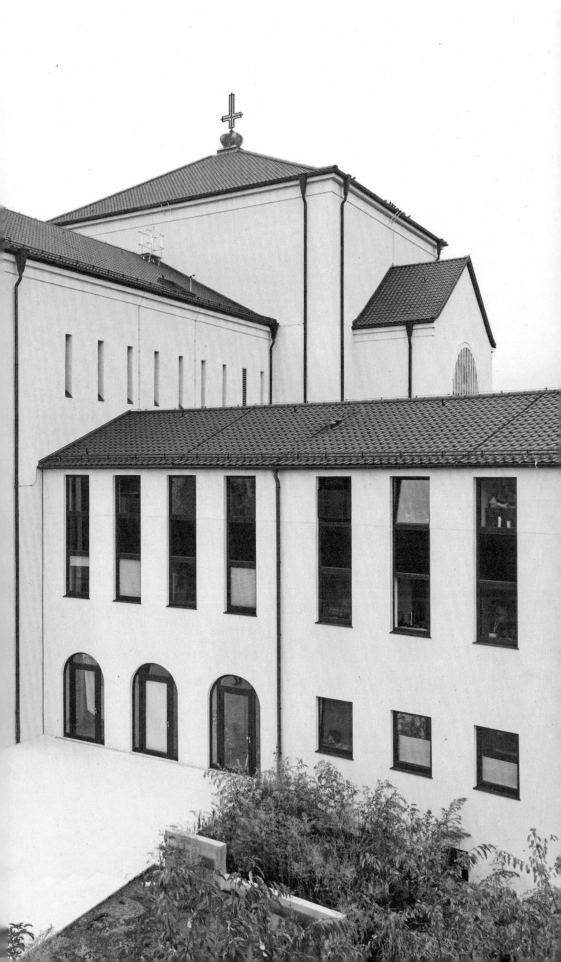

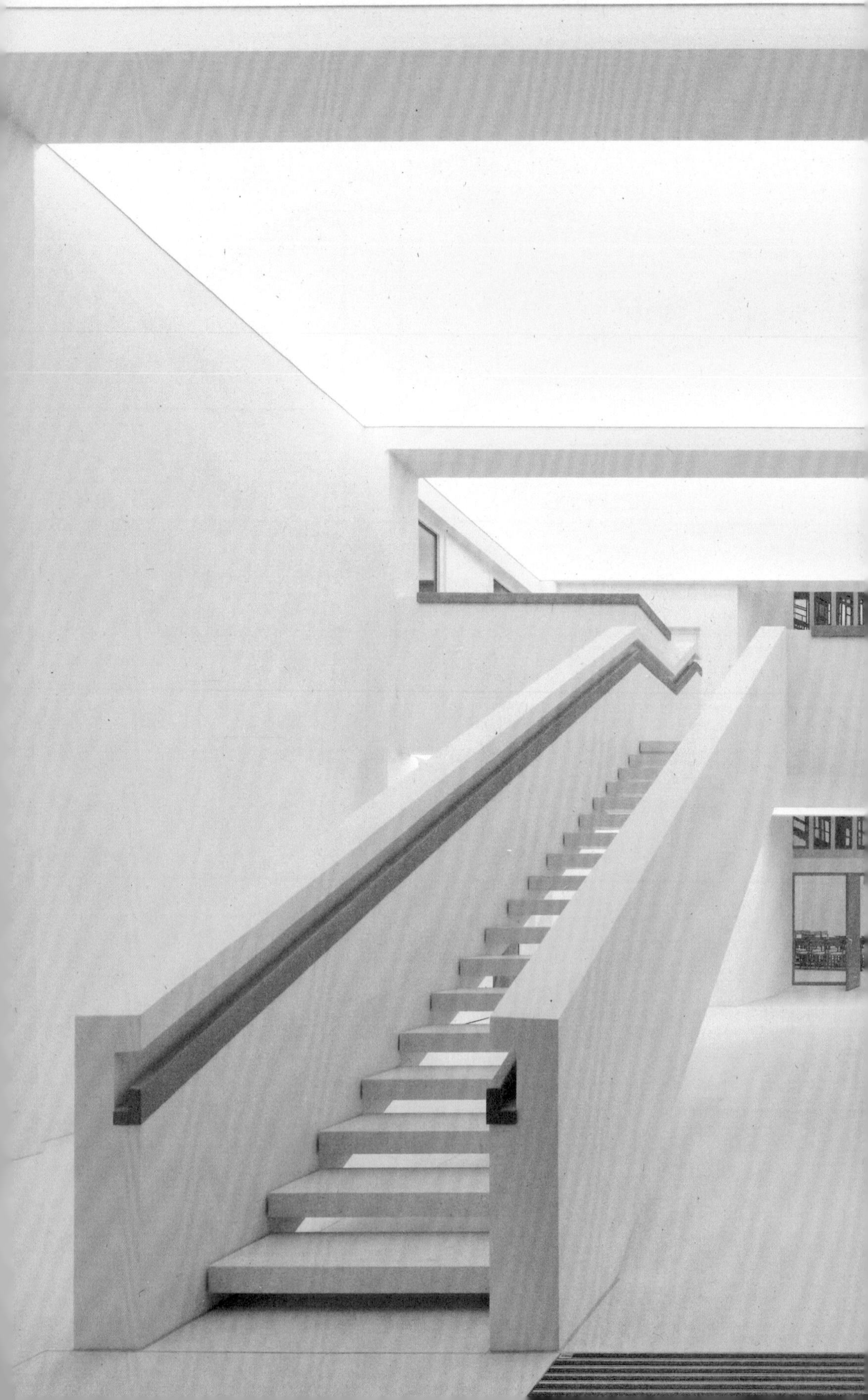

EG M 1:600

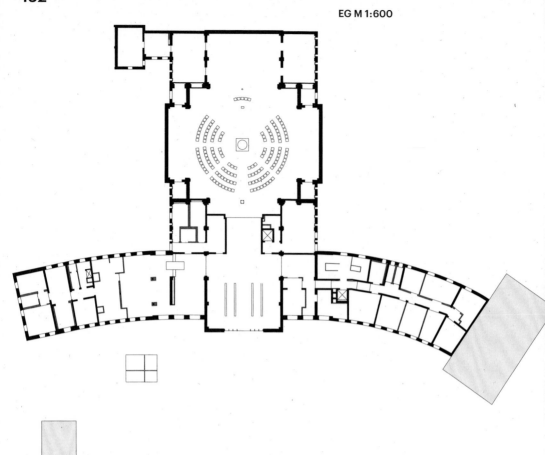

Kirche
Caritas
Zentrale Flächen
Bürgercafé
Pfarrzentrum
Kindertagesstätte/Frühförderstelle
Griechisch-Orthodox
Technik
nicht beplant
Wohnen
Erschließung

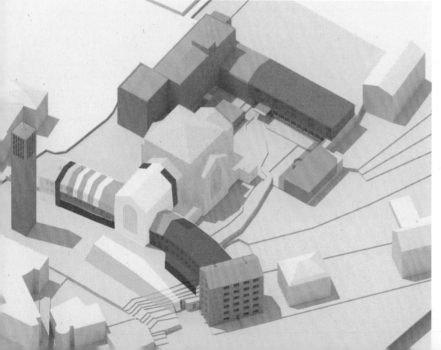

Bereits seit den 1970er-Jahren machten Bauschäden Sanierungsmaßnahmen notwendig, Leerstand und technische Defizite folgten. 2009 begann man über notwendige Veränderungen der Stadtkirche zu sprechen. Formulierte Ziele waren eine energetische Generalsanierung, ein deutlich kleinerer Kirchenraum sowie ein barrierefreier Zugang durch den Pfarrgarten in das Gotteshaus.

Der Arbeitskreis ‚Liturgie von St. Anton', bestehend aus Mitgliedern der Gemeinde, dem Architektur-büro Brückner & Brückner sowie dem Leiter der Abteilung Kunst Dr. Jürgen Emmert, entwickelte konkretere Ideen für das zu realisierende Raumprogramm: eine neue Aufteilung des Kirchenraums im Bereich der Vierung, die Abtrennung des Langhauses und das Verschieben der ursprünglichen Eingangswand nach innen, um die vier monumentalen Fenster und damit die Verbindung zwischen innen und außen zu erhalten. Dies konnte alles umgesetzt werden: Es entstand ein barrierefreier, lichter, nicht überfrachteter Kirchenraum. Der Altar steht im Zentrum, umgeben von einer flexiblen Bestuhlung. Die Sitze des liturgischen Dienstes unterscheiden sich lediglich durch ihre Position in der Linie von Altar und Ambo zu den Sitzen der Gemeinde.

Die neu entstandene ‚Casa Vielfalt' bietet Platz für die Geschäftsstelle der Caritas, mit Räumen für Sozialberatung, Selbsthilfegruppen etc. Außerdem befinden sich dort das Büro des Malteser Hospizdienstes und das Büro der Gemeindeleitung.

Ein besonders niederschwelliger Ort der Begegnung ist das Café Charisma: Dort wird psychisch kranken Menschen eine therapeutische Beschäftigungsmöglichkeit geboten. Im Zentrum befinden sich neben der Kirche das Pfarrbüro und Seminarräume. Prägend für das Konzept ist der gemeinsame Eingang, der nicht nur funktionaler Mittelpunkt des Komplexes ist, sondern einen Ort der Begegnung schafft. (BM)

12 Neues Raumkonzept mit Meditationsort
St. Fidelis, Stuttgart
Schleicher Ragaller Architekten
Martin Bruno Schmid
2019

Die basilikaähnliche katholischen Kirche St. Fidelis
wurde 1924/1925 von Clemens Hummel (1869–1938)
in einem Übergangsstil zwischen Historismus und
Neuer Sachlichkeit erbaut. Im Zweiten Weltkrieg
wurde die Kirche weitgehend zerstört, der Wiederaufbau bereits ab 1944 durch Hugo Schlösser
(1874–1967) angeleitet. 1964 wurde die Kirche nach
Plänen von Rudolf Schwarz (1897–1961) moderni-
siert; Maria Schwarz (1921–2018) übernahm die Aus-
führung und Georg Meistermann stattete den Bau
mit 22 Glasfenstern und einem neuen Kreuzweg aus.
Eine haustechnische Sanierung 1995 führte dazu,
dass die bereits davor fehlende Klarheit und Kohä-
renz des Raums offensichtlich wurde.

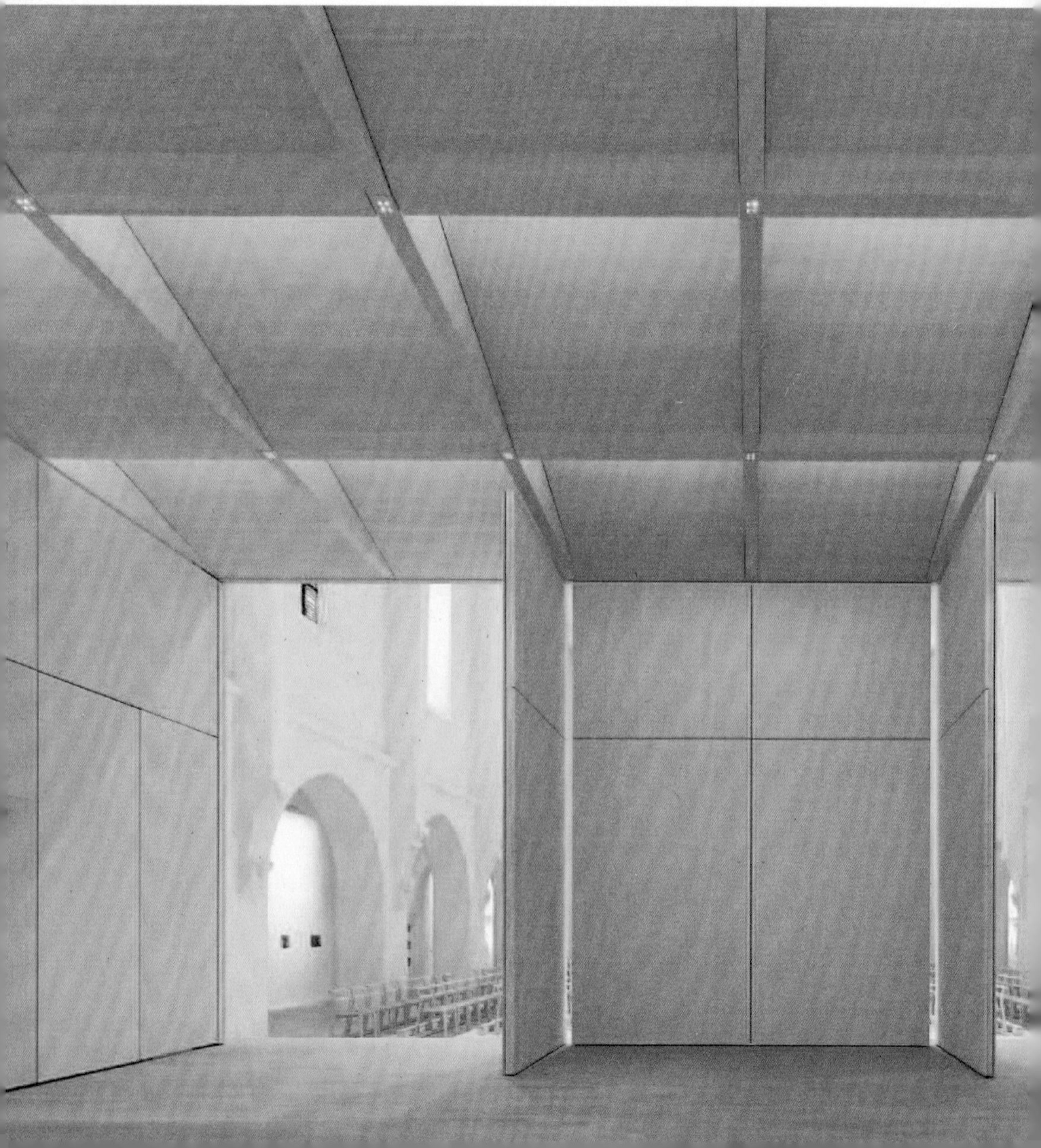

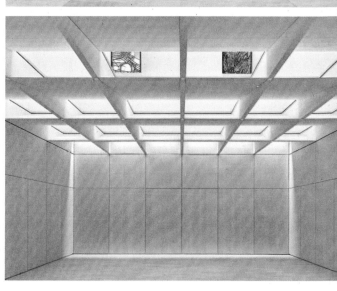

EG M 1:600

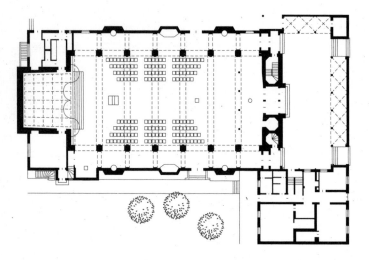

Diese architekturgeschichtlichen Umbrüche und Veränderungen bilden den Ausgangspunkt für den Auftrag des Katholischen Stadtdekanats an Domenik Schleicher und Michael Ragaller, nicht nur die Gemeindekirche zu sanieren, sondern auch einen Meditationsort für Stuttgart in die Kirche St. Fidelis einzubauen. Der Kirchenraum wurde von Schleicher Ragaller Architekten allumfassend saniert: Ein neuer, hellerer Boden aus Römischem Travertin unterstreicht die Klarheit des Raums. Die vormals dunkle Holzkassettendecke wurde aufgehellt und eine neue Lichtführung von Luna Licht (Karlsruhe) ermöglicht unterschiedliche Szenarien. Georg Meistermanns Buntglasfenster und auch die Kreuzwegbilder in den Seitenschiffen können ihre Wirkung ganz entfalten. Heiligenfiguren und Opferkerzen stehen auf Sockeln in neu gefertigten halbrunden Nischen.

Maria Schwarz ermutigte die Architekten, den Communio-Gedanken umzusetzen. So befinden sich Altar und Ambo nun auf einer Längsachse im Mittelschiff zwischen den Stühlen für die Gemeinde, die sich, halbkreisförmig angeordnet, gegenüberstehen. Der Stuttgarter Künstler Martin Bruno Schmid entwickelte die neuen liturgischen Gegenstände aus einem einzigen Kalksteinmonolith heraus.

Der Raum der Stille wurde von den Architekten in den ehemaligen Chorraum eingepasst. Dieser thermisch und akustisch abtrennbare Holzbau ist das Herzstück des Spirituellen Zentrums und ermöglicht Meditation und Gebet in der Stille. Durch schräg eingehängte Holzsegel aus Esche wird das Tageslicht gefiltert, gleichzeitig bleiben die Sichtbezüge zu den Chorfenstern bestehen. Mit seinen sechs Flügeltüren ermöglicht der neue Binnenchor unterschiedliche Raumvariationen – in geöffnetem Zustand ähnelt er dem Bild eines Flügelaltars.

Durch die umfassende technische und gestalterische Sanierung der Kirche ist ein homogener Innenraum mit reduzierten Details und Klarheit entstanden, der den historischen Rahmen der Kirche respektvoll fasst und durch den Raum der Stille in die kirchliche Zukunft verweist. (BM)

13 Integration von Gemeinderäumen
Christuskirche, Titisee-Neustadt
Klinkenberg Architektur
2018

Die evangelische Christuskirche in Titisee-Neustadt sollte um ein Gemeindezentrum ergänzt werden. 2014 wurde ein kooperativer Wettbewerb zur
geplanten Nutzungserweiterung ausgeschrieben:
Für den Umbau des Kirchenbaus aus den 1970er-Jah-
ren und die Unterbringung aller anderen Funktions-
räume im Gebäude konnte sich das Büro Klinkenberg Architektur (Darmstadt) qualifizieren, dessen
Entwurf durch eine baukörperlich kompakte Lösung
überzeugte.

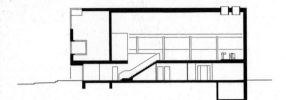

Das Kirchengebäude wurde nach Plänen des Büros Klinkenberg Architektur durch einen hölzernen Vorbau erweitert. Dieser greift die bestehende Geometrie der Kirche auf, schafft aber durch die kontrastierende Materialität eine deutliche Differenzierung zwischen alt und neu. Die großzügigen Öffnungen in der Holzfassade sind einladend und ermöglichen die geforderte Offenheit.

Die Nutzfläche des Baus wird durch eine eingefügte hölzerne Zwischenebene und den Vorbau mehr als verdoppelt. Der neue Sakralraum befindet sich in der oberen Ebene und seine Ausrichtung bleibt erhalten wie auch die bestehenden Kirchenfenster und das Bild hinter dem Altar. Der Gottesdienstraum ist über eine hölzerne, mittig gelegene Treppe und einen Aufzug gut erreichbar. Der Aufgang der Treppe endet ohne weitere Türe im großen, lichten Kirchenraum. Je nach Bedarf können hier Bereiche auch abgetrennt werden. Zudem ist im neu gebauten hölzernen Bereich des Obergeschosses ein kleiner, lichtdurchfluteter Gemeinderaum angeschlossen, der über den Kirchenraum erreichbar ist.

Im neuen Erdgeschoss befinden sich mehrere abgetrennte Räume, die Platz für Büros, Küche, Toiletten bieten, und ein weiterer Gruppenraum. Auf der Höhe des ursprünglichen Altarraums befindet sich nun der große Gemeindesaal. (BM)

14 Integration von Gemeinderäumen
    Christuskirche Veitshöchheim
    Hofmann Keicher Ring Architekten
    2017–2019

Die Gemeinde der evangelischen Christuskirche
Veitshöchheim beauftragte 2017 das Würzburger
Architekturbüro Hofmann Keicher Ring, den 1963
eingeweihten Kirchenbau umzubauen und um
ein Pfarramt zu erweitern. Der keilförmige Pultdach-
bau wurde vollkommen entkernt, da Größe, Nutzung und Aufteilung der ursprünglichen Räume
nicht mehr den Bedürfnissen der Kirchengemeinde
entsprachen. Die neue Planung sah vor, die Christuskirche in ein modernes, wandelbares Gemeindezentrum mit Gottesdienstraum zu transformieren.

Schnitt M 1:600

Die baulichen Veränderungen des Gebäudes werden bereits im Außenraum durch die neuen Fassadenelemente offenkundig. Diese bestehen aus durchbrochenen Metallelementen vor großformatigen Milchglasfenstern. Im Zwischenraum sorgt eine Beleuchtung dafür, die markanten Elemente auch in abendlichen Stunden hervorzuheben.

Man betritt das Gebäude nun über einen niedrigen Bereich, der der Gemeindearbeit vorbehalten ist. Durch den Einbau mobiler Trennwände sind hier zwei separat nutzbare, je 45 m² große Gruppenräume entstanden. Eine weitere Trennwand schließt diese Räumlichkeiten zum hinteren Bereich ab, der der kirchlichen Nutzung dient. Die hölzernen Raumteiler sind in einer neuen Decke aus Holzlamellen mit Dämmung verankert, die im Gottesdienstraum nach oben aufsteigt. Der Raum bietet nach Teilung nun Platz für 120 Personen. Durch die Verkleinerung des Kircheninnenraums wurde auch das Versetzen und Umarbeiten der Prinzipalstücke sowie der Kirchenorgel notwendig. An besonderen Festtagen ist es möglich, den Kirchenraum auf die ursprüngliche Größe zu erweitern, indem die Trennwände zur Seite geschoben werden. Die Kirchenbänke wurden durch eine flexible Bestuhlung ersetzt. Auf eine Fußbodenheizung wurde ein einheitliches Holzparkett gelegt, um den Kirchenraum nicht zu stark von den Gemeinderäumen abzugrenzen.

Das Untergeschoss wurde bis auf den Rohbauzustand zurückgebaut und ebenfalls neu gegliedert, sodass Platz für zwei Gemeinderäume sowie Räume für die Jugendarbeit geschaffen wurde. Vor dem Untergeschoss wurde eine großzügige Terrasse für kirchliche Veranstaltungen geschaffen. Der gesamte Neubau ist behindertengerecht ausgebaut. Das Gebäude für das Pfarramt wurde über die neue Fassadenverkleidung harmonisch in den Bestand integriert. (BM)

K
P
Zu

irche
Raum
kunft

I ‚Leutekirche' St. Martin, Leutkirch im Allgäu
Ursula und Tom Kristen

Seit 2015 beschäftigt sich die katholische Kirchengemeinde von Leutkirch im Rahmen des von der
Diözese Rottenburg-Stuttgart angeregten Prozesses
‚Kirche am Ort – Kirche an vielen Orten' mit der
Frage, wie ihre Kirche zukünftig gestaltet werden
soll: Wie sieht die Martinskirche im Jahr 2050 aus?
Geistliche Erneuerung, pastorale Ausrichtung und
Profilierung sowie deren Umsetzung ‚vor Ort' waren
und sind dabei die Schwerpunkte einer intensiven,
ganzheitlichen Auseinandersetzung. Ausgehend
von der Frage „Was soll ich dir tun?" (Lukas 18,
35-43) beschäftigt sich ein eigens geschaffenes
Projektteam in Leutkirch mit den Bedürfnissen der
Menschen in ihrer Lebenswirklichkeit. Gespräche,
Umfragen und Veröffentlichungen trugen dazu
bei, ein Bewusstsein dafür zu schaffen, was Kirche
am Ort ausmacht und zukünftig ausmachen soll.

Die ‚Leutekirche'

Leutkirch hat mit seiner katholischen Leutekirche seit 500 Jahren ein stadtbildprägendes und namengebendes Gotteshaus. Es ist – neben der evangelischen Kirche – das Einzige im Stadtgebiet und damit nicht wegzudenken. Besuchten dieses in den 1970er-Jahren an den Wochenenden etwa 3000 Gläubige, so werden heute nur noch etwa 750 gezählt. Werktags liegt die Zahl zwischen 15 und 40 Personen. Dennoch wird das rund um die Uhr geöffnete Gotteshaus ständig besucht: Menschen halten hier inne, suchen spirituelle Nähe, ihre alltäglichen Wege kreuzen sich hier.

Mit ihren gut 20 000 Einwohnern zählt die Kleinstadt nicht zu den urbanen Zentren, die das Potenzial einer vielfältigen kulturellen und sozialen Schichtung aufweisen, mit dessen Hilfe der im Kirchenraum überflüssig zu scheinende Platz dauerhaft bespielt werden könnte. Auch hat sich die Kirchengemeinde bewusst zum Neubau eines Gemeinde- und Familienzentrums mit Kindergarten entschieden, damit die Kirche in ihrer Gesamtheit als sakraler Raum bestehen bleibt.

Die sichtbare Leere des Kirchenraums während der Gottesdienste bewirkt, dass der Einzelne sich einsam und verloren fühlt, da das Erleben der Gemeinschaft nicht mehr möglich ist. Ein erster Versuch, Nähe wieder räumlich erlebbar zu machen, war die Einladung der Augsburger Künstlerin Sara Opic anlässlich des 500-jährigen Kirchenjubiläums 2019. Sie schuf eine im hinteren Bereich des Mittelschiffs angeordnete Installation, abgetrennt durch Raumteiler aus beweglichen Vorhängen. In diesem intimen Raum sitzt auf einem der Hocker ‚Die Zuhörerin', eine Skulptur aus Lehm und Stroh. Dieser ‚Raum im Raum' besteht bis heute und bietet der Gemeinde die willkommene Möglichkeit, sich im kleinen Kreis zu treffen.

Im Rahmen des Projektes ‚Kirche Raum Gegenwart‘ galt es, sich deshalb intensiv mit der Analyse des Kirchenraums und seiner bestehenden Ausstattung auseinanderzusetzen. Das Aufzeigen aller Eingriffe der Vergangenheit als Ausdruck des jeweiligen Zeitgeistes und seiner Bedürfnisse ließ erkennen, dass dieser Ort in seinem 500-jährigen Bestehen einem stetigen Wandel unterlegen war.

Allerdings wurden nicht alle Veränderungen konsequent umgesetzt. An vielen Stellen sind unbefriedigende Brüche erkennbar, die – zusammen mit einem pragmatischen Alltagsverhalten – die Strahlkraft der liturgischen Orte verunklären und Funktionen einschränken.

Die Ideenwerkstatt

Im Juni 2022 lud die Kirchengemeinde zu einer Ideenwerkstatt im Rahmen des von der DG lancierten Projektes ein. Unter dem Titel ‚GedankenSprung‘ wurde das Erarbeitete vorgestellt. Christoph Schmitt vom Institut für Fort- und Weiterbildung der Diözese Rottenburg-Stuttgart moderierte den Abend aus Sicht der Kirchenraumpädagogik. Etwa 25 Interessierte trafen sich dazu vor Ort in St. Martin. Mit großer Offenheit und in regem Austausch erschlossen sich die Teilnehmenden zunächst den vorhandenen Raum und seine Atmosphären. Anhand vorbereiteter Fragen und Halbsätze galt es, den Blick zu schärfen, eigene Empfindungen zu ordnen und das ‚Bauchgefühl‘ in Worte zu fassen:

Was macht den Raum besonders?
Wofür eignet er sich, wofür nicht?
Mir ist der Kirchenraum wichtig, weil?
(persönliche Erinnerungen)
In diesem Kirchenraum sind für mich wichtige Orte/Gegenstände?
Diese Kirche hat für meine Stadt diese besonderen Bedeutungen?
Es riecht nach?
Wo ist es licht und wo dunkel?
Wohin zieht mich der Raum?
Wie empfinde ich meinen Körper zu den Weitungen des Raumes?
Wie ist die gefühlte Raumtemperatur?
Was sagt mir der Raum zum Klang?
Raummaterialität: Es fühlt sich an wie?

Gedankensprung in die Zukunft

Auf dieser erarbeiteten Grundlage versuchten wir gemeinsam den ‚GedankenSprung' in die Zukunft. Wie kann es gelingen, dem vorhandenen Ort seine Wertigkeit – wie sie den heutigen Bedürfnissen entspricht – zurückzugeben? Wie viel Veränderung verträgt der Raum – wie viel Veränderung benötigt der Raum, damit das zentrale Erlebnis des Gottesdienstes wieder klar hervortritt? Diese Fragestellungen wurden virtuell sichtbar gemacht. Langsame digitale Überblendungen ließen nach und nach die vorhandene Ausstattung verschwinden.

Zuerst lösten sich die vielen Bankreihen auf, dann verschwanden die schon bei der letzten Sanierung aus ihrem Zusammenhang gerissenen Fresken, zum Schluss verabschiedeten sich alle die Wände schmückenden Elemente wie Kreuzweg und fehlplatzierte Heiligenfiguren. Übrig blieb der neutrale Raum mit seiner klaren, wohlproportionierten Hallenstruktur. Danach zeigt die Visualisierung, wie sich der Raum wieder füllt – füllen kann. Die Wandlungsfähigkeit, seine Beweglichkeit und eine neue Weite lassen sich erahnen. Möglichkeiten einer neuen Orientierung werden sichtbar.

Durch die Übertragung der Fragestellungen zum vorhandenen Raum auf das nun Dargestellte wurde deutlich, dass das von vielen an diesem Abend Teilnehmenden gefühlte ‚Verlorensein' nicht am Kirchenraum selbst liegt. Es liegt vor allem am Sichtbarwerden der Leere durch die vielen freien Plätze in den Kirchenbänken und der gefühlten Distanz zu den liturgischen Orten.

Zentrales Element der als notwendig erkannten Neuordnung des Kirchenraums ist deshalb das Ersetzen des Gestühls durch eine lose, flexibel einsetzbare Möblierung. Nur so lässt sich das vorhandene räumliche Potenzial ausschöpfen, ist ein Perspektivwechsel möglich, gelingt es, den Gottesdienst auf eine andere Art zu feiern.

Möglichkeitsräume

Der erstellte 3D-Raumplan zeigt, wie es möglich ist, die Gemeinde auf Augenhöhe vor oder um den Altar zu versammeln. Dem Wunsch nach einem kleinräumlicheren Zusatzangebot (Andachtsraum) kann nachgekommen werden, indem der Chorbereich bei Bedarf abgetrennt wird. Voraussetzung hierfür wäre ein weiterer Zugang. Eine Bereicherung der Kirchenraumnutzung durch Ausstellungen oder Konzerte wäre darüber hinaus ebenfalls denkbar. Die erarbeiteten analytischen Skizzen und animierten ‚Möglichkeitsräume' sollen ein Werkzeug, eine Orientierungshilfe für die Kirchengemeinde sein, um ihre Wünsche und das Potenzial des Kirchenraums mit Laiengremien und Fachstellen fundiert zu diskutieren und Perspektiven zu formulieren. Dadurch können sie dem nächsten Etappenziel – der Wettbewerbsauslobung für die Neugestaltung – näherkommen. (Ursula und Tom Kristen)

I 'Leutekirche' St. Martin, Leutkirch im Allgäu   Ursula und Tom Kristen

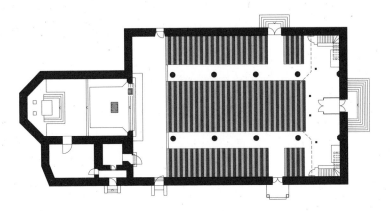

Grundrisse M 1:600
1   Bestand
2   Andacht
3   Communioprinzip

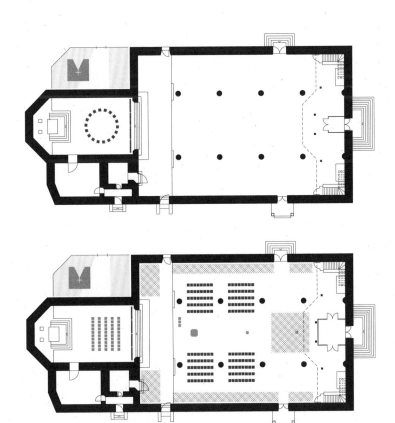

II ,Wengenkirche' St. Michael, Ulm
Empfangshalle
Corbinian Böhm und Michael Gruber

Die Kirche St. Michael zu den Wengen, auch Wengenkirche genannt, ist die einzige römisch-katholische
Gemeindekirche in der Ulmer Altstadt. Der Beiname zu den Wengen bedeutet „in den Wiesen".
Die Kirche gehörte ursprünglich zum Ulmer Konvent
der Augustiner-Chorherren, ein erheblicher Teil
der Kloster- und Kirchenanlage wurde während des
Zweiten Weltkriegs durch Bombenangriffe zerstört. Der Wiederaufbau 1953 bis 1954 machte aus
dem geosteten Chorraum eine Seitenkapelle,
der Neubau wurde um 90 Grad gedreht und an den
noch erhaltenen gotischen Westgiebel angebaut.
Der nüchtern ausgefallene Nachkriegsbau erhielt bei
der Ulmer Bevölkerung schnell den Beinamen ,Werkhalle Gottes'. 1998 erfuhr der Kirchenraum eine
grundlegende Neugestaltung, unter anderem schuf
Hermann Geyer (1934–2016) für den Nachkriegsbau künstlerische Glasfenster.

Die Ausgangssituation

Das Künstlerduo ‚Empfangshalle' wurde beauftragt, sich mit der besonderen Situation der Ulmer Kirche auseinanderzusetzen. 2000 von Corbinian Böhm und Michael Gruber in München gegründet, verweist die Namensgebung ‚Empfangshalle' auf der einen Seite auf das erste gemeinsame Atelier am Münchner Hauptbahnhof in einer ehemaligen Empfangshalle hin, auf der anderen Seite lässt der Name anklingen, dass in die künstlerischen Projekte auch Außenstehende einbezogen werden, mal als Akteur*innen, mal als Beobachtende.

Bereits nach den ersten Gesprächen mit Pfarrer Michael Estler und Vertreter*innen der Gemeinde kristallisiert sich für die beiden Künstler heraus, dass diese historisch bedeutende Kirche in der Ulmer Innenstadt ein besonderes Potenzial birgt. Die Wengenkirche schließt Richtung Bahnhof an ein neu gebautes Areal an, die Sedelhöfe, die erst im Sommer 2020 eröffnet wurden. Das Raumprogramm richtet sich vor allem an Bestverdiener*innen, die teilweise nur unter der Woche ihre Wohnungen für kurze Wege zum Arbeitsplatz nutzen. Neben exklusiven Wohn- und Büroräumen bieten die Erdgeschossflächen Platz für Gastronomie und Einkauf. Soziale Einrichtungen oder Kindertageseinrichtungen wurden nicht eingeplant, diese werden aber unter anderem von der anschließenden Wengenkirche angeboten. So wird an Samstagen der Wengen-Imbiss vom Schwesternkonvent an Bedürftige ausgegeben und die Kindertageseinrichtung St. Michael befindet sich in Nebenräumen der Kirche. Der Platz vor der Kirche zwischen Wengen- und Walfischgasse ist ein Treffpunkt für Menschen, die an anderen Stellen der Stadt unerwünscht sind. Immer wieder sind dort auch Gruppen von Jugendlichen anzutreffen.

Das Neubauprojekt 1998 hat versucht, über Oberlichter die Attraktivität des Gemeindesaals zu erhöhen. Leider wurde durch die dafür eingezogene
Mauer der Blick aus Richtung der Sedelhöfe auf die
Kirche verstellt.

Pilgern als Kunstkonzept

Ein Ausgangspunkt für das erarbeitete Konzept ist,
dass der Kirchenkomplex mit Leben gefüllt werden
soll und diese Aktivitäten auch im Stadtraum ablesbar werden. Empfangshalle schlägt der Gemeinde vor, in die ,Werkhalle Gottes' zu einer besonderen
Art von zunächst körperlicher, aber auf einer weiteren Ebene geistiger und sozialer Fitness einzuladen:
beim Lauftraining am Laufband können Pilgerrouten
bereist werden. Per Videobildschirm ,bewegt' man
sich auf Pilgerwegen, die zuvor weltweit abgelau-
fen und gefilmt wurden. Wie beim analogen Pilgern
erreicht man auch Etappenziele: Kirchen, heilige
Orte und Naturdenkmäler. Eine erste Etappe des
Martinuswegs der Diözese Rottenburg-Stuttgart,
der auch Teil des Jakobswegs ist, wurde bereits für
dieses Vorhaben filmisch festgehalten.

Energie zeugt Energie

Die Fitnessgeräte sind so konzipiert, dass sie nicht
Strom benötigen, sondern erzeugen. Diese erzeugte
Energie wird auf unterschiedlichen ,Laufkonten'
angespart und wird für soziale Zwecke eingesetzt.
Der oder die Fitnessbegeisterte pilgert und leistet
gleichzeitig einen sozialen Beitrag, denn mit der
gewonnenen Energie wird ein Tasse Tee, eine Mahlzeit, eine Übernachtung oder eine sonstige Zuwen-
dung für Bedürftige ermöglicht. Im Laufe der Zeit
wird eine Sammlung gefilmter Pilgerwege aufgebaut,
die im Fitnessstudio zum Einsatz kommen.

Das Pilgern im Fitnessstudio der Wengenkirche wird
über eine LED-Anzeige auf dem Kirchturm ablesbar.
Der im Zweiten Weltkrieg beschädigte und seitdem von der Gemeinde als „zu klein" empfundene
Kirchturm wird zur Leuchtskulptur umgewandelt.

So steht in direkter Nähe zum höchsten Kirchturm der Welt, dem Turm am Ulmer Münster, ein Kirchturm, der eine neuartige Signalfunktion im Stadtraum übernimmt und von den neuen Aktivitäten verkündet.

Öffnung des Gemeindesaals

Die Belebung des Gemeindesaals unterhalb des Kirchenraums war vor allem ein Wunsch, der von den Mitarbeitenden vor Ort geäußert wurde. Dazu wäre ein direkter niederschwelliger Zugang von der Wengengasse von Vorteil. Das Künstlerduo schlägt vor, den Anbau mit den Oberlichtern abzureißen und dafür über Sitzstufen und Treppen den Raum direkt zu erschließen. Als zweiter Schritt wird für eine Öffnung der seitlichen Kirchenwand plädiert, um durch den Einbau von Panoramascheiben die Pilgeraktivitäten im Kirchenraum sichtbar zu machen. Der Gemeindesaal soll niederschwellige Angebote unterbreiten in Form von sportlichen Aktivitäten (z. B. in einem Boxring), die auch für die Sozialarbeit mit Jugendlichen attraktiv sind. Das Angebot soll sich aber auch an ‚Laufkundschaft' richten. Die zufällig Vorbeikommenden, die Pilger*innen oder Suchenden aller Generationen, sollen sich eingeladen fühlen zum Verweilen und Innehalten.

Der Gemeindesaal birgt ein großes Potenzial und könnte sich auf unterschiedliche Art und Weise öffnen. Der Platz wäre ausreichend, um sehr unterschiedliche Nutzungen anzubieten: von Café-Ecke über Gesprächsraum – auch für Tagungsgruppen, die nicht zum kirchlichen Umfeld gehören – bis hin zu Übernachtungsmöglichkeiten. Diese würden sich hier auch deshalb anbieten, weil ein Anschluss an den nahegelegenen Donauradweg denkbar ist und dieser jährlich viele Besucher und Besucherinnen in die Stadt führt. (Benita Meißner)

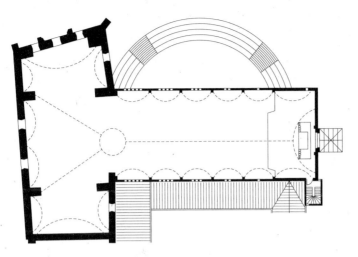

Grundriss M 1:600

III St. Wendelin, Langenprozelten/Gemünden am Main
Karina Kueffner und Ludwig Hanisch

In der Mitte des Städtedreiecks Würzburg–Aschaffenburg–Fulda liegt in einem Naturerholungsgebiet der kleine Ort Langenprozelten, heute ein Stadtteil von Gemünden am Main. Die katholische Pfarrkirche St. Wendelin, nahe dem Mainufer, wurde 1928 für die zu klein gewordene Andreaskirche gebaut und ist seitdem internes Wahrzeichen und Mittelpunkt des Dorfes. St. Wendelin ist infrastrukturell gut aufgestellt, da es an der Hauptstraße liegt, neben einem neuen Gemeindezentrum mit Parkplatz, und fußläufig von der Bahnstation erreichbar ist. Der Kirchenbau ragt in imposanter Größe weit über die Dächer hinaus und ist trotz deutlich zurückgehender Zahl der Kirchengemeindemitglieder das identitätsstiftende Gebäude im Ort.

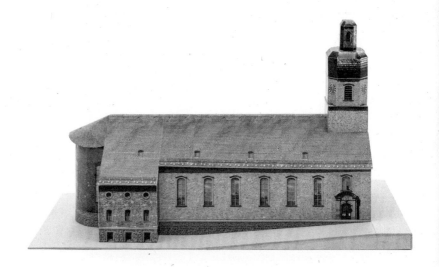

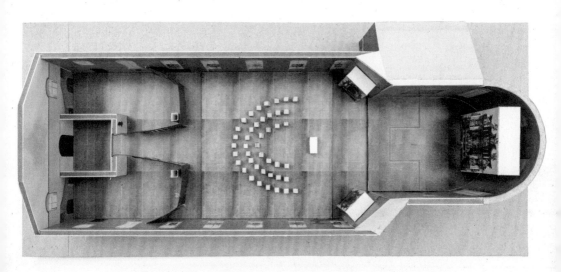

Ausgangssituation

Bei Eintritt über das Hauptportal wird den Besuchenden vorerst ein nicht besonders einladender Eindruck vermittelt, da der Eingangsbereich mit einigem Tand verstellt ist und eine lang gezogene Empore den Eingangsbereich verdunkelt. Dagegen strahlen in neobarockem Stil die üppigen, reich an Zierrat ausgestatteten Seitenaltäre und der raumgreifende Hochaltar sowie etliche Engel- und Heiligenfiguren. Zwischen großen Fensterreihen mit Glasbemalung ist der Kreuzweg in Form von Malereien platziert und streitet – wie so vieles in diesem Raum – voller Stilvielfalt um Aufmerksamkeit.

Das fehlende Gestaltungskonzept im Innenraum, der dunkle Eindruck unter der Empore und der zu große Kirchenraum mit vielen leeren Bänken bei den Gottesdiensten spiegeln die Situation der Kirchengemeinde wider: Es existiert ein diffuses Gefühl der Heimatlosigkeit, begründet durch einen fehlenden festen Pfarrer vor Ort, sowie eines nicht (mehr) aktiven Kirchenlebens mit einer generationenübergreifenden Gemeinschaft. Die Fragebogenaktion zu St. Wendelin, die von Karina Kueffner und Ludwig Hanisch für Gemeindemitglieder und Interessierte konzipiert wurde, wurde mit reger Teilnahme angenommen. Es legte die beschriebenen Schwachstellen offen und machte zudem die Bedürfnisse deutlich: der Wunsch nach Aktivierung der Kirche und des Gemeindelebens, nach Veränderung des Kirchenraums, ohne jedoch den imposanten, neobarocken Stil des Innenraums ganz aufzugeben.

Neuausrichtung

Ausgehend von dieser Analyse erarbeitete das Künstlerduo zwei Ansätze der Neuausrichtung von St. Wendelin: Der Blick geht dabei nach innen, die baulichen, (innen-)architektonischen Veränderungen betreffend, und nach außen, die gesellschaftliche, kommunikative Ausrichtung betreffend. Diese beiden Ansätze sind ergänzend zueinander zu sehen und miteinander kombinierbar. Für eine bildhafte Vorstellung der Neugestaltung sind zwei reale Modelle der Kirche St. Wendelin (Maßstab 1:100) gebaut worden. Je nach Konzept können diese mit einsetzbaren Segmenten modular bestückt werden:

Bei Modell 1 (Kirche Plus) sind die Bänke unter der Empore herausnehmbar. Mit dem künstlerischen Eingriff ‚Colour Stripes' wird ein bänderartiger Vorhang installiert, der – am Rand der Empore und am Mittelgang entlanglaufend – den hinteren Raum in zwei neue Bereiche für eine multifunktionale Nutzung aufteilt.

Modell 2 (Kirche Clean) zeigt statt der aktuellen lachsfarbenen Ausmalung einen einheitlichen weißen Anstrich des Innenraums. Einige kirchliche Gegenstände, die mehrfach vorhanden oder ohne wirklichen Nutzen waren, sind zugunsten eines klaren Erscheinungsbildes herausgenommen worden. Statt dunkler Kirchenbänke werden helle Holzstühle im Halbkreis aufgestellt und der Altar rückt mehr ins Zentrum des Kirchenraums, um zwischen Pfarrer und Gemeinde eine räumliche Nähe herzustellen.

43 Engel

Die 43 bewegbaren Stühle sorgen für eine flexible Nutzung des Kirchenraums und verweisen auf das neu erarbeitete Konzept ‚Kirche der kulturellen Nächstenliebe #43Engel'. St. Wendelin beherbergt eine nicht verifizierte Zahl an kleinen Engelsfiguren und -köpfen an den großen Haupt- und Seitenaltären, welche laut Erzählungen von den Mitgliedern der Gemeinde immer wieder während des Kirchenbesuchs gezählt werden. Die Engel stehen nicht nur für Schutz und Hilfe Gottes, sie werden die Basis des Konzeptes einer Kulturkirche, die den Kirchenraum neben seiner kirchlichen Funktion auch soziokulturell nutzt.

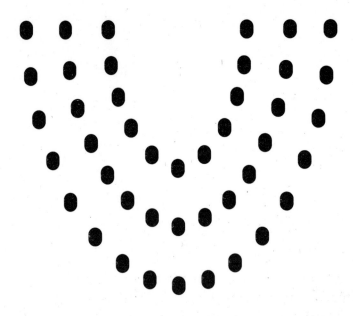

#43ENGƎL

Mit dem Hashtag #43Engel kann um St. Wendelin
eine Art Stadt-Image aufgebaut werden, das der
Kirche und Langenprozelten aus seiner ungewollten
Isoliertheit heraushilft. In Form eines Kulturangebo-
tes können passende Konzerte, Lesungen, Ausstellungen und Themenpredigten angedacht werden,
die einer gezielten Aktivierung des Kirchengebäudes
dienen. Unter #43Engel ist ebenso ein virtueller
Fingerabdruck im Internet und in den sozialen Medi-
en denkbar, der das Konzept der Offenheit, Transformation und Kommunikation ‚spreadet'. Gestal-
terisch würde ein einschaltbarer, farbiger Neonlicht-
schriftzug im Eingangsbereich St. Wendelin als
die Kirche der 43 Engel ausweisen; dieser könnte
sichtbar über das geöffnete Haupttor hinausstrahlen
und zum Eintritt einladen.

Ausblick

Bereits vor Beginn des Projektes waren die Langenprozeltener gedanklich dabei, die Kirchenbänke aus St. Wendelin herauszuräumen. In der Anfangsphase wurde dann – durch Gespräche und Diskussion in der Gruppe sowie durch den gedanklichen Austausch und den Aufenthalt des Künstlerduos vor Ort – angestaute Energie frei, sodass im Mai 2022 mit selbst organisierten Entrümplungstagen und Aufräumaktionen in Kirchenraum, Keller und Dachboden begonnen wurde.

Die abschließende Präsentation der beiden Modelle und Konzepte im September 2022 wurde in der Kirchengemeinde mit Wohlwollen und konstruktiver Diskussion begrüßt, Vorschläge wurden weiter- und auch teilweise umgedacht. Aufgrund des Zuspruchs und des Interesses der Gemeinde an den vorgestellten Konzepten werden weiterführende Schritte angedacht. Somit könnte es in naher Zukunft zumindest zu einer teilweisen Realisierung einzelner Ideen kommen, denn trotz des spürbaren Engagements ist das Projekt von der Gemeinde alleine nur schwer zu finanzieren.

Sieht und spürt man St. Wendelin besonders in Verbindung mit seinen offenherzigen und ambitionierten Gemeindemitgliedern, so strebt es förmlich danach, die Qualität, das Imposante des Kirchenbaus und sein Potenzial für den Ort an sich, aber ebenso darüber hinaus für eine Öffnung und Vernetzung mit anderen Gemeinden zu bündeln und zu kommunizieren. (Karina Kueffner, Ludwig Hanisch)

IV Lätare-Kirche, München-Neuperlach
    Jutta Görlich und Peter Haimerl

Die evangelische Lätare-Gemeinde (Lätare, lat.
„Freuet Euch") liegt in München-Neuperlach, einer
der größten deutschen Satellitenstädte aus den
1970er Jahren. Sie umfasst ein Pfarrgebiet, das von
fünf U-Bahn-Stationen erschlossen wird. Die 70 000
Einwohner*innen leben in Großwohnsiedlungen,
breite Straßen durchziehen das Quartier, viel Grün
bietet einen hohen Freizeitwert, ein Einkaufszentrum
ersetzt die Stadtmitte.

In seinen Anfängen war Neuperlach durch den Zuzug vieler junger Familien geprägt, die Mitgliederzahlen der Pfarrgemeinde waren hoch und so konnte die Lätare-Gemeinde ein vielfältiges Programm an mehreren Kirchenstandorten anbieten.

Heute sind 60,7 % der Menschen in Neuperlach ohne Religionszugehörigkeit, nur 6,7 % von ihnen sind evangelisch, die Hälfte der Gemeinde ist über 60 Jahre alt, junge Gläubige kommen nicht nach. Der demografische Wandel sowie die Krise der Kirchen setzen der Gemeinde zu: An gewöhnlichen Sonntagen besuchen im Durchschnitt etwa 30 Gläubige von 4000 Mitgliedern den Gottesdienst, an Festtagen etwa 100. Die Gemeinde schrumpft dramatisch, was zu immer weniger im Dienst der Kirche Beschäftigten führt und mit ihnen verschwinden auch die Angebote für die Gemeindemitglieder. Dies bedingt wiederum eine schwächere Nachfrage. Kein Grund zur Freude.

Here we are!

Wie sich jedoch in den im Sommer 2022 geführten Interviews zeigte, sind die ehrenamtlichen und die kirchlichen Mitarbeiter*innen widerständig, leidenschaftlich, begeistert und hoffnungsvoll und stemmen neben der seelsorgerischen Arbeit ein kleines, aber intensives und attraktives Angebot: Gottesdienste, Kirchenkaffee und Outdoorkino, Konzerte, Lesungen, Tanz, Altenkreis, Grillabende, Posaunenchor und Gesang. Sie öffnen ihr modernes Kirchengebäude – einen Backsteinkubus – für gut besuchte Veranstaltungen und so hat sich die Lätare-Kirche zum kulturellen Zentrum Neuperlachs entwickelt. Die flexible Bestuhlung ermöglicht zahlreiche Nutzungen, die gute Akustik sowie der Konzertflügel verschiedenste musikalische Angebote mit Solist*innen wie auch Ensembles und die leeren Wände bieten große Ausstellungs- wie auch Projektionsflächen.

Leider wissen nur wenige Neuperlacher*innen davon: Die Gemeinde kommuniziert zu wenig nach außen. Gleichzeitig ist die Architektur des Ensembles zurückhaltend: Dunkel duckt sich das Pfarrzentrum in die höhere umgebende Wohnbebauung. Da ein Kirchturm von jeher fehlt und auf eine Glocke schon zur Entstehungszeit mit Rücksicht auf die Nachbarschaft verzichtet wurde, ist die Gemeinde im öffentlichen Raum kaum sichtbar.

Learning from Las Vegas

Der Entwurf von Jutta Görlich und Peter Haimerl reflektiert die Erkenntnisse von Robert Venturi und Denise Scott aus dem Jahr 1972. Diese zweifelten an der lediglich mit architektonischen Mitteln geformten Symbolbildung der klassischen Moderne und ihren zweckrationalen Mitteln. Venturi und Scott widmeten sich der Frage, was das Bedürfnis nach Symbolen, Schildern und letztlich nach der verschmähten Dekoration für die Gestaltung des urbanen Raums bedeutet.

Dem durch den Verlust der ästhetischen Ausdruckskraft des im Stil der 1970er-Jahre Funktionalismus gestalteten Neuperlacher Areal und seiner damit verbundenen fehlenden Wahrnehmbarkeit im öffentlichen Raum treten Jutta Görlich und Peter Haimerl entgegen und stellen den drei Backsteinkuben des Kirchengeländes einen zeitgenössischen Kirchturm bei, der auch vor einem Casino in Las Vegas stehen könnte.

Come to Fabulous Laetare Neuperlach!

An der etwa 25 Meter hohen, mit farbigen LEDs in Orange und Hellblau beleuchteten fragilen Stahlkonstruktion werben christliche Symbole für die kirchlichen Angebote. Diese Motive werden ergänzt durch Zeichen für rein weltliche Inhalte wie Kino, Musik und Kaffee. Im mittleren Bereich wirbt eine großformatige Leuchtschrift mit dem Schriftzug ,Welcome to Fabulous Laetare Neuperlach'. Seinen Abschluss findet der Turm in einem großen leuchtenden Stern, der – von Weitem sichtbar – auf das Kirchenareal verweist und von weiteren Symbolen flankiert wird: dem Zeichen für Unendlichkeit, ineinander verschlungenen Ehe-Ringen, einem Notenschlüssel, einem Fragezeichen und das @-Zeichen. Die Gestaltung erweckt Assoziationen zu urbanen Lichtreklamen oder beleuchteten Fahrgeschäften auf Jahrmärkten. Die Motive und die Texte werden sowohl im beleuchteten als auch im unbeleuchteten Zustand und von großer Distanz gut lesbar sein.

Die Leuchtelemente werden als Imitationen aus Glas geblasenen Neonröhren mit moderner LED-Technik ausgeführt. Die energieeffiziente Beleuchtung des Turmes erfolgt durch langlebige, robuste und wetterfeste Leuchtdioden (LED). Intendiert ist eine autarke Solar-Insellösung, mittels derer die Anlage mehrere Stunden problemlos betrieben werden kann. Um die Anwohner*innen vor störendem Licht zu schützen, wird der Turm nur in den frühen Abendstunden erleuchtet sein. Durch die Verwendung einer leichten Stahlkonstruktion wäre auch ein Auf- und Abbau denkbar.

Der neue Kirchturm macht auf humorvolle und populäre Weise die bisher im Verborgenen wirkende Gemeinde im Stadtraum Neuperlachs sichtbar. Er ist identitätsstiftend und spiegelt das reiche Angebot, aber auch das Selbstverständnis der Gemeinde als weltoffene, aktive und an Diversität begeisterte Gemeinschaft. (Jutta Görlich und Peter Haimerl)

V	Räumliche Hybridität = hybride Räume?
Erweiterte Nutzungen in Einklang mit der Liturgie
Manuela Klauser

Neben Profanierungen, Privatisierungen und Abrissen sind sakrale Bauten, die eine erweiterte Nutzung ihres Standortes mit dem gottesdienstlichen Gebrauch in Einklang zu bringen suchen, eine an immer mehr Bedeutung gewinnende Alternative. Diese Idee ist allerdings keineswegs neu. Seit Jahrzehnten etablierte Kulturkirchen bieten mit Ausstellungen, Konzerten, Lesungen, Theateraufführungen und partizipativen Projekten schon lange das Angebot, die sakralen Räume außerhalb und auch in Kombination mit ihrer liturgischen Nutzung als aktiv bespielte Orte zu erleben. Verstärkt auf evangelischer Seite[1], jedoch auch auf katholischer Seite lassen sich zahlreiche Beispiele nennen, etwa die Kunststation St. Peter in Köln oder das Literaturhaus St. Jakobi in Hildesheim. In München sind beispielsweise St. Paul als Sitz der erzbischöflichen Kunstpastoral oder die evangelische Lukaskirche weithin bekannt. Doch die Möglichkeiten erweiterter Nutzung des Seelsorgestandortes reichen weit über den Kulturbereich hinaus in den caritativ-diakonischen Bereich, pragmatische Doppelnutzungen mit Wohn-, Büro- und Betreuungseinheiten bis hin zur Integration von Archiven, Bibliotheken, Kunstdepots usw. Noch sehr jung ist das Konzept, Kirchen in der Tradition historischer Pilgerkirchen als Herbergsorte anzubieten, bei denen nicht ein aufwendiger Hotelbetrieb aufgesetzt wird, sondern man auf schlichten Betten auf Emporen, in Kapellen oder in Seitenschiffen nächtigen darf.[2] Dieses rasch wachsende Nutzungsangebot bietet eine besondere Form der Hybridität, bei der der Kirchenraum sehr individuell erfahren werden kann. Es ist auch im Ausland zu finden, in England etwa unter dem Schlagwort ‚champing‘ oder in den Niederlanden unter ‚tsjemping‘ – Kombinationen aus den Worten Kirche und Camping.[3]

St. Paul
München

Hybride Räume

In jüngster Zeit zeichnet sich ein Umbruch in der Umnutzungsdebatte ab, der die Reduzierung des Kirchenraums auf reine Gottesdienstzwecke als Privileg wertet, das sich zukünftig immer weniger Gemeinden werden leisten können – sowohl finanziell als auch moralisch. Gleichzeitig wird der genuin hybride Charakter von Kirchenbauten historisch aufgearbeitet in ihren Funktionen als Pilgerkirchen, Marktkirchen, als Zufluchtsorte und als Orte der Gerichtsbarkeit.[4] Kirchen als Tourismusziele sind grundsätzlich als hybride Orte zu verstehen. In ihnen gehen permanent Menschen aus den verschiedensten Gründen ein und aus – es wird simultan gebetet und durch die Kirche geführt, Kerzen werden angezündet, Messen in Kapellen abgehalten, Fotos gemacht und der Raum nebst Ausstattung ausführlich bewundert. Citykirchen – oft die (ehem.) Stadtpfarrkirchen gleich neben den großen Kathedralen – bieten mit Veranstaltungskalendern, Cafés, Schriftenständen, kleinen Läden und Beratungsräumen ein Angebot, das im Grunde denselben Menschen Kirche als soziales Angebot vermitteln möchte. Auch sie werden als hybride Räume bezeichnet. Der Begriff des hybriden Raums ist den postkolonialen Theorien des indisch-britischen Literatur- und Kulturwissenschaftlers Homi K. Bhabha (geb. 1949) entlehnt. Bhabha beschrieb in den 1990er-Jahren die Entstehung hybrider Räume in Begegnungszonen verschiedener Herkünfte, Kulturkreise und Standpunkte, die auf dem Erkennen von und der Auseinandersetzung mit Unterschieden beruht.[5] Mit hybriden Räumen ist demnach keine gebaute Architektur gemeint, sondern die Bezeichnung sucht eher eine soziologische Dynamik und ihr Potenzial zu erfassen. Daraus entwickelte sich im Diskurs der vergangenen Jahrzehnte das Ziel der Schaffung konkreter Voraussetzungen, um solche hybriden Räume in der Gesellschaft entstehen und wachsen zu lassen. In der Folge wurden Bhabhas Theorien, die sich nicht grundlos zahlreicher architektonischer Metaphern bedienen, auch für die Architekturtheorie bearbeitet und fruchtbar gemacht.

Resonanzräume

Inwieweit aber kann gebaute Architektur und insbesondere sakrale Architektur die Entstehung hybrider Räume begünstigen und aktivieren? Mit diesen Fragen setzte sich vor allem der Marburger evangelische Theologe Thomas Erne (geb. 1956) auseinander. Sein 2017 erschienenes Buch ‚Hybride Räume der Transzendenz‘[6] wendete die kritische Diskussion um Neu- und Nachnutzungen sakraler Bauten hin zur Entwicklung eines vor allem gesellschaftlich tragfähigen Konzeptes, mit welchem dem drohenden Lehrstand von immer mehr Kirchen inhaltlich begegnet werden kann. Thematisiert werden die grundlegende Vielseitigkeit sakraler Räume auf soziologischer wie auf theologischer Ebene und ihr gesellschaftlicher Mehrwert. Dennoch hat sich der Begriff ‚Hybride Räume‘ jüngst im Sprachgebrauch vor allem praxisorientiert für sakrale Bauten etabliert, die mehrere Nutzungsebenen aufweisen. Es lohnt sich in jedem einzelnen Fall, den architektonischen Raum und seinen (Mehr-)Wert in unmittelbare Beziehung zu den Nutzungswünschen des Umfeldes (Sozialraum) sowie den konkreten Interventionsmöglichkeiten der zukünftigen Nutzung zu setzen. Je flexibler diese angelegt ist, desto größer verspricht der Mehrwert zu werden, der sich aus der Nutzung des Raums entwickelt. So schrieb der Kulturwissenschaftler Dirk Brall 2019 über das Literaturhaus St. Jakobi, welches er mitaufgebaut und einige Jahre als Intendant geleitet hat:

„Der Autor ist mit dem Raum in den Dialog gegangen. Geduldig hat der sakrale Raum gewartet, bis der Autor sich öffnet. Dabei erlebt das Publikum höchste Präsenz. Der Raum gibt dem Buch Resonanz, weil der Autor es zulässt. [...] Diese Momente sind nicht planbar. Sie geschehen. Sie dürfen gar nicht erdacht werden. Aber man kann sich und den Raum darauf vorbereiten.“[7]

Die 2012 geschlossene evangelische Citykirche St. Jakobi erhielt 2014 mit dem Nutzungskonzept eines Literaturhauses eine neue Funktion, doch ihr Intendant Brall empfand diese Aufgabe vor allem als Aufforderung, das Kirchenhaus zum Teil des Gesamtkonzeptes zu erheben – nicht als Kulisse für thematische Spielzeiten, sondern als Resonanzraum für die Autor*innen, die Literaturstudent*innen und die Besucher*innen sowie den zu Beginn und zum Ende der Spielzeit stattfindenden themenbezogenen Gottesdienst. Spirituelle, kulturelle und soziale Aspekte treten miteinander in einen fruchtbaren Dialog und der Raum wird zu einem Ort, an den die Besucher*innen gern und häufig zurückkehren und durch den wie von selbst Gemeinschaften entstehen, die permanent oder auch temporär mit ihrem Engagement und mit ihrem Interesse zu der Atmosphäre des Ortes beitragen. Vorbereitete Unterhaltungsprogramme bekannter Gäste sind oft sehr gut besucht, doch Brall fällt auf, dass diese „nicht den Resonanzraum, den die Kirche bietet"[8], nutzen: „Orte zu lesen, und die Menschen dort, ist ein wichtiger Teil unserer Arbeit."[9] Aus den enthusiastischen Beschreibungen Bralls wird deutlich, wie wichtig es ist, einen Raum für Begegnung, Dialog und Engagement anzubieten. Bei der erweiterten Nutzung von Kirchen sollte daher genau genommen von ‚hybriden Orten' gesprochen werden, denn zwischen Raum und Ort besteht eine Differenz. Zusammen mit der Architektur und mit den Menschen wird aus dem genutzten Raum plötzlich ein Ort – aus ‚space' wird ‚place'.[10]

Menschen nutzen einen Raum, der ihnen geboten wird, und bauen hierüber eine Bindung zu dem Ort auf. Das heißt ganz konkret: Gebäude sind Teil eines Handlungsraums und nicht die Handlungsräume ein Teil des Gebäudes. Es ist also auch eine Frage des Stellenwertes, der dem Gebäude eingeräumt werden muss und nicht nur der Wertschätzung. Ohne Frage muss die Nutzung zu dem gebauten Raum und seinem Angebot passen. Daraus kann sich Respekt für den Raum und Souveränität im Umgang mit ihm entfalten. Gerade mit Blick auf den hochgradig gefährdeten Bestand an Nachkriegsbauten ist die Nutzungsdiskrepanz zwischen einer temporären Ästhetiken angepassten Wohnform wie bei der ehem. Kirche St. Elisabeth in Freiburg und der Umnutzung zu einem gemeinsamen Tanzhaus für Profis und Laien wie in der Trinitatiskirche in Mannheim gut ablesbar. Deutlicher können bürokratisch verstandener Denkmalschutz und aktiv gelebter Respekt für ein Gebäude kaum gegenübergestellt werden.

Jugendkirchen

Bei dem Umbau, den die evangelische Rogatekirche (siehe S. 99–105) in München-Neuperlach 2016 bis 2017 zur Jugendkirche erfuhr, wurde respektvoll die Bausubstanz des Backsteinensembles für die Nutzung als Geschäftsstelle der Evangelischen Jugend München (EJM), als Ort der Aus- und Weiterbildung für ehrenamtlich engagierte Jugendliche und als Location für Jugendevents vom Konzert über Theater bis zu den Jugendgottesdiensten und weiterhin als Gemeindekirche des evangelischen Pfarrverbunds Sophie Scholl in Neuperlach angepasst. Der Atriumbau aus den 1960er-Jahren mit guter Verkehrsanbindung bot eine Atmosphäre der Niedrigschwelligkeit und Weitläufigkeit sowie Kommunikationszonen, welche für die neue Aufgabe aufgegriffen werden konnten, etwa mit einem gläsernen Aufbruch der Fassade über Eck zur Hauptstraße.

Ein neuer Anbau erweitert die Nutzfläche für die Unterbringung der Geschäftsräume der EJM, die nicht nur Anlaufstelle für die städtische evangelische Jugend ist, sondern auch für die Münchener Landkreise. Die Erweiterung oder Umnutzung eines Kirchengebäudes zur Jugendkirche könnte als eine Form der pastoralen Profilierung bezeichnet werden, wie die Einrichtung von Grabeskirchen mit Trauerpastoral, Citykirchen mit Citypastoral oder Kulturkirchen mit Kunstpastoral. Kunstpastoral, Citypastoral und Trauerpastoral sind Angebote an wechselnde Menschengruppen, doch Jugendkirche bezeichnet darüber hinaus Gemeinschaften, die einen Ort einfordern, dem sie die Signifikanz ihrer Gemeinschaft verleihen können. Die konkreten Veranstaltungsangebote der Jugendkirche(n) weisen eine weit über die Nutzung des Kirchengebäudes für Gottesdienste hinausreichende Identifikation mit dem Ort aus, welche deutlich hybride Züge trägt. Sie bieten nicht nur einen Ort, an dem junge Menschen Events besuchen können, sondern diese aktiv in all ihren Aufgabenstellungen mitgestalten.[11] Dazu gehören auch praktischen Aufgaben wie Planung, Organisation, Auf- und Abbau. Jugendkirchen sind keine kirchlichen Eventlocations, sondern Orte, an denen Gemeinschaftsbewusstsein von pragmatischen über soziologische bis hin zu spirituellen Anforderungen erlernt, erlebt und erarbeitet wird. Auch oder gerade diese Charakteristik definiert sie als hybride Räume, die ihr Potenzial erst durch die Bindung an einen konkreten Ort voll entfalten können. Doch auch die gemeinsame Nutzung der Rogatekirche als Gemeindekirche und als Jugendkirche ist eine Form der Hybridität, die den Austausch und die Begegnung mit unterschiedlichen Formen der Gemeindearbeit über Generationen und Konventionen hinweg ermöglicht. Beide Gemeinschaften werden dazu animiert, über ihren jeweiligen Horizont der Lebens- und Glaubensweisen hinauszublicken und sich auf einer Ebene zu begegnen, wo sie Toleranz, Offenheit und Differenziertheit leben und erfahren. Der hybride Raum entsteht nicht durch die gemeinschaftliche Nutzung, sondern in der gemeinschaftlichen Nutzung.

1   www.kulturkirchen.org (letzter Abruf: 14.11.2022).

2   www.herrbergskirchen.org (letzter Abruf: 14.11.2022).

3   Nähere Informationen auf der Homepage der Organisation FRH – Future for Religious Heritage: www.frh-europe.org/tsjemping-sleeping-in-churches-in-the-netherlands/ (letzter Abruf: 14.11.2022) oder auf der britischen Seite des Churches Conservation Trust unter: https://champing.co.uk (letzter Abruf: 14.11.2022).

4   Ursula Kleefisch-Jobst, Mehr als steinerne Behälter!, in: Kirchenumbau (Baukultur Nordrhein-Westfalen, Themenheft Nr.3). Gelsenkirchen 2022, S.14 f.

5   Homi K. Bhabha, The Location of Culture. London / New York 1994. Homi K. Bhabha, Die Verortung der Kultur. Tübingen 2000.

6   Thomas Erne, Hybride Räume der Transzendenz. Leipzig 2017.

7   Dirk Brall, Am Anfang war der Ort. Wie Kulturkirchen die Gegenwart zum Sprechen bringen und dem Prophetischen Resonanz geben, in: Kulturkirchen. Hg. von Julia Koll / Albert Drews / Christoph Dahling-Sander. Stuttgart 2019, S.48.

8   Brall 2019, S.51.

9   Brall 2019, S.55.

10   In Anlehnung an: Robert J.J.M. Plum, Kim de Wildt & Albert Gerhards, Sakralraumtransformation. Über die Verortung und das Relationale des Sakralen: auf der Suche nach einem progressiven Begriff von Ort des Sakralen, in: Theomag Onlinemagazin. Heft 124.2020 (https://www.theomag.de/124/pwg01.htm (letzter Abruf: 14.11.2022)).

11   Die 2007 ins Leben gerufene Internetpräsenz www.jugendkirchen.org (letzter Abruf: 14.11.2022) versteht sich bewusst als ökumenisches Netzwerk, auf dem Events gepostet, Jugendkirchen-Standorte gesucht und Informationen zur Förderung von Jugendkirche abgerufen werden können.

VI   Soziales ins Haus lassen
      Thorsten Nolting

Caritas und Diakonie als Relevanzdepot der Kirchen
Europaweit gehören Menschen im Umfeld der Kirchengebäude zum Stadtbild. Aus den unterschied-
lichsten Gründen versammeln sie sich um die
‚alten' Mauern. Neben den Kirchenbesucher*innen
suchen beispielsweise Wohnungslose dort Schutz
und Unterstützung. Manche wirken orientierungslos,
andere so als ob sie sich in Haufen von Decken
und Tüten gehüllt ausruhen könnten. Mitten in den
Städten sind Kirchen Zuflucht, Anlaufstelle in Not
und Hoffnung auf elementare Hilfe.

Direkte Nächstenliebe in der City

Gemeinden in Innenstädten waren schon immer in
besonderer Weise herausgefordert und haben
nicht selten bewusst die gesellschaftlichen Herausforderungen gesucht. Es gibt viele Beispiele für
eine Integration der sozialen Fragen und von diako-
nischen Angeboten.

Das hat in den Hospizen des Mittelalters, die meist
in unmittelbarer Nähe zu großen Stadtkirchen von
Orden betrieben wurden, eine erste starke Form
gefunden, hat sich dann ausdifferenziert in speziel-
lere Angebote, vor allem seit der Industrialisierung
mit den Gründungen etwa von Bahnhofsmissionen,
Stadtmissionen, von konfessionellen Stiftungen
und Vereinen durch christliche Bürgerinnen und
Bürger, Geistliche und Gemeinden.

Die Kirchenräume selbst blieben Gottesdiensten
und Konzerten vorbehalten. Sozialdiakonisches
Handeln war räumlich getrennt, bis es in den 1950er-
und 1960er-Jahren nicht mehr nur als wichtig, sondern häufig als eigentliches Ausdrucksmittel von
Kirche gesehen wurde. Das hat im Kirchenbau zur
Realisierung vieler Gemeindezentren geführt, die
geistliche, sozialdiakonische und gemeinschaftliche
Angebote unter einem Dach oder in einem Komplex
beherbergten, um einen relevanten Orientierungs-
punkt im Quartier zu bilden und die Idee einer inklusiven Gesellschaft zu fördern. Der Berliner Theologe Friedrich-Wilhelm Marquardt ging so weit zu
behaupten: „Die Randgruppen der Gesellschaft sind
die Zentralgruppen der Kirche."

Mit dieser Einstellung werden auch die teilweise als pompös, mindestens aber als Teil der Hochkultur eingestuften Stadtkirchen kritisch gesehen. Aber zunächst setzen nur wenige Gemeinden an diesen symbolischen Orten neue Raumkonzepte um, die ein Miteinander von Ritus und sozialem Handeln ermöglichen. Ein Beispiel: St. Botolph's Aldgate, London, wo bereits in den 1970er-Jahren die Krypta als Unterkunft für Obdachlose zur Verfügung gestellt und im Kirchenschiff Lebensmittel auf den Emporen und Kleiderspenden gehortet wurden, um permanent eine notdürftige Versorgung zu ermöglichen. Andachten und Gottesdienste wie auch ‚lunchtime recitals', also Mittagskonzerte, fanden ganz selbstverständlich weiter statt.

In Deutschland hat sich die konkrete Hilfe lange nicht in die Kirchenräume hineinbegeben. Meist fanden sich in der Kirche Verweise auf sozialdiakonische Angebote, gelegentlich auch ein Zusammenspiel mit Nebengebäuden. Zum Beispiel in der katholischen Kirche St. Bonifaz (München), wo es direkt neben der Kirche nicht nur eine Speisung (täglich 200 Personen), sondern auch eine Kleiderkammer, ärztliche Sprechstunden und die Möglichkeit zu duschen gibt. Viele Ehrenamtliche engagieren sich. Die räumliche Nähe spiegelt sich im Selbstverständnis der Gemeinden.

Aber es ist etwas anderes, wenn die Kirchräume selbst genutzt werden: etwa bei den Vesperkirchen in Stuttgart und Nürnberg, wo wochentags für von Armut betroffene Menschen geöffnet ist, für „eine wertschätzende Veranstaltung mit liturgischen Teilen und konkreten Beratungs- und Hilfsangeboten". Die Ulmer Pauluskirche stellt in Aussicht: „Es geht darum, bedürftigen Menschen eine warme Mahlzeit in schöner Atmosphäre und in würdiger Gemeinschaft zu ermöglichen"; dies geschieht seit 1996 im Winter täglich einen Monat lang.

Ganz präsent ist noch die Erfahrung in vielen Städten, in den Coronawintern als Wärmestube für Wohnungslose zu dienen, weil hier der nötige Raum und Abstand gegeben war. Kirchen und Gemeinden beider Konfessionen ließen sich von der Not in die Pflicht nehmen und soziale Fragen und Notlagen im Kirchenraum sichtbar und erfahrbar Einzug halten.

Häufig braucht es dazu jemanden, der oder die bereit ist, sich nicht nur stark zu engagieren, sondern eine konkrete Hilfe zu seiner oder ihrer Sache zu machen und dafür auch persönlich einzustehen. Dies sind Menschen, die in besonderer Weise initiativ und aktiv sind. Nicht selten führt das zu einem stilisierten Bild eines sinnvollen Engagements und der christlichen Nächstenliebe durch Sponsor*innen und Medien. Das ist für die Personen schmeichelhaft, aber gelegentlich auch belastend. Aber wenn eine Persönlichkeit dies glaubwürdig schafft, dann strahlt es in die Gesellschaft hinein und häufig gelingt es dann, Räume für soziale Arbeit zu sichern und in letzter Zeit immer häufiger die Möglichkeiten von Kirchenräumen nutzen.

Solches direkte sozialdiakonische Engagement stößt auch auf die Frage, was denn nach der Grundversorgung kommt. Die Menschen, die wegen Hunger oder der Suche nach einem Dach über dem Kopf kommen, haben meist noch erhebliche andere Erschwernisse, wie beispielsweise psychische und physische Erkrankungen sowie finanzielle Probleme. Durch die starke Resonanz der Hilfebedürftigen auf die von spontaner Nächstenliebe entstandenen Angebote folgt deshalb schnell die Frage nach weitergehenden Hilfen und einer Professionalisierung.

Organisierte Diakonie und Caritas in der Innenstadt

In allen deutschen Großstädten ist längst ein wirkungsvolles Hilfenetz für von Armut betroffene Menschen aufgebaut worden. Häufig sind Caritas und Diakonie nicht nur die historischen Initiatoren, sondern auch heute die größten Träger von Einrichtungen für Wohnungslose – die Bahnhofsmissionen sind das bekannteste Beispiel dafür. Die kirchlichen Träger bieten darüber hinaus Obdach für Frauen und Männer getrennt im Auftrag und auf Kosten der Stadt und mithilfe von Spenden. Es gibt Anlauf- und Beratungsstellen, Tagesaufenthalte mit Verköstigung zu sehr geringen Preisen, Postadressen, Übergangswohnen etc.

In der katholischen Kirche sind es neben der Caritas vor allem die Orden, die sich enorm professionalisiert haben. Auf evangelischer Seite hat sich nach 1945 vielerorts mit den Evangelischen Hilfswerken eine hochqualifizierte Zuständigkeit für die Überwindung von Armut etabliert. Caritas und Diakonie haben als lokale und überregionale Wohlfahrtsverbände stark an der Entwicklung fachlicher Standards und weiterführender Hilfen mitgewirkt und treten in den Rathäusern vehement für Einhaltung der Standards und Ausbau der Hilfen ein.

Und nicht nur der Gegensatz einer fachlich reflektierten und auf Wirkung zielenden Hilfelandschaft zu einer von direktem Hilfewunsch geleiteten gemeindlich-ehrenamtlichen Initiative stand einer Kooperation oft im Weg, sondern unterschiedliche Organisationslogiken von Kirche und Wohlfahrt, die sich in der mindestens 200-jährigen Geschichte der Ausdifferenzierung herausgebildet haben. In den letzten Jahrzehnten sind es vor allem betriebswirtschaftliche Grundsätze und sozialrechtliche Vorgaben, die die Unterschiede verstärkt haben.

Mit ihren oft großen Umsätzen müssen die kirchlichen Sozialunternehmen so konsequent wie möglich die internen Prozesse optimieren, in einem angespannten Personalmarkt Arbeitskräfte akquirieren und in der Verantwortung für die Klientinnen und Klienten höchsten qualitativen Standards gerecht werden.

Die Privatisierung sozialer Dienstleistungen (Pflege-reform) hat es vielen Kirchengemeinden unmöglich gemacht, weiter das finanzielle Risiko einer Unterauslastung oder den Personalmangel zum Beispiel in einem traditionellen kirchlichen Feld wie der häuslichen Pflege zu tragen.

Andererseits haben Caritas und Diakonie verstanden, wie wichtig es ist, den Kontakt zur eigenen Basis nicht zu verlieren, der gerade von engagierten Ehrenamtlichen verkörpert wird. Die personellen Überschneidungen im ehrenamtlichen Bereich sind nach wie vor erheblich. Viele Engagierte in der Flüchtlingshilfe, in Tafelausgaben und anderen Bereichen sind Kirchenmitglieder.

Gemeinsame Entwicklung von kirchlichen Orten Bereits in der Citykirchen-Bewegung der 1990er-Jahre spielt neben der Verknüpfung kirchlicher Angebote mit der Gegenwartskultur die soziale Ausrichtung des Ortes eine starke Rolle. Die offenen Kirchen, die durch Ausstellungen, Lesungen, Konzerte und andere Events auf sich aufmerksam machten und ausdrücklich die Gesellschaft einluden, die Räume für sich zu entdecken, zogen auch viele Menschen in problematischen Situationen an und grenzten diese bewusst nicht aus. „Seit 1994 macht sie [die Elisabethenkirche in Basel[1]] geistliche, kulturelle und soziale Angebote für alle Menschen, ungeachtet ihrer Herkunft, Hautfarbe, sexuellen Orientierung oder Religion. Sie ist offen für alle Menschen guten Willens. Sie lebt die jüdisch-christliche Tradition in postkonfessionellem Verständnis und interreligiösem Bewusstsein."

Die in der offenen Kirche propagierte Idee einer inklusiven Gesellschaft drückte sich zum Beispiel in den Kirchencafés aus, die wochentags Einzug in die Citykirchen hielten. Auf soziale Fragen wurde mit Kooperationen mit sozialen Diensten reagiert (Johanneskirche Düsseldorf), wobei hier keine enge Konfessionssicht, sondern eine inhaltliche Nähe entscheidend war.

Mit starkem sozialdiakonischen Akzent und einer sichtbaren Positionierung hat die evangelische Gemeinde Heilig Kreuz in Berlin-Kreuzberg deutlich gemacht, dass auch soziale Dienste und Einrichtungen unter dem Dach eines großen Kirchenraums Platz haben. „Die Heilig-Kreuz-Passion Gemeinde versteht sich als Anwalt der Schwachen und von Familien mit Kindern. Auf vielfältige Weise unterstützt sie und lernt von Obdachlosen, Flüchtlingen und allen, die einen sicheren Ort in dieser Gesellschaft brauchen."[2]

Doch diese Beispiele haben noch keine größere Bewegung zur Neu-, Um- oder Nachnutzung von zentralen Kirchenbauten durch Caritas und Diakonie bewirkt.

Auslöser einer größeren Bewegung von Caritas und Diakonie zur Neuformatierung von Kirchenräumen ist erst der massive Rückgang an Mitgliedern beider Kirchen und die Frage, wie mit den Immobilien umzugehen ist, geworden. In vielen Stadtteilen werden die Gebäude der 1960er- und 1970er-Jahre zur Disposition gestellt, teilweise zum Abriss freigegeben. Im besten Fall entsteht günstiger Wohnraum im Quartier, teilweise kommt es zu Umbauten von Kirchen zu Kindertagesstätten oder Seniorenwohnanlagen. Auf diese Veränderungen reagieren Gemeinden und Bevölkerung oft sehr positiv, weil häufig die Symbole christlicher Präsenz erhalten bleiben und die neue Nutzung unmittelbar einleuchtet. Es scheint eine neue Relevanz des Gebäudes und von Kirche im Quartier oder der Stadt auf.

Diese Erfahrungen führen zunehmend zu gemeinsamen Planungen von Diakonie und Caritas mit Gemeinden, Dekanaten und Diözesen, um kirchliche Orte sozial weiterzuentwickeln.

Neben einigen ausgewiesenen Diakoniekirchen (Wuppertal, Mannheim, Frankfurt) gibt es zunehmend Umbauten von Kirchen, die Teile in soziale Einrichtungen verwandeln (Diakoniekirche Evangeliumskirche, München-Hasenbergl) oder insgesamt eine soziale Nutzung für das Quartier entwickeln. Katholische Kirchen, die entweiht werden, werden sozial genutzt, etwa St. Johannes in Rheydt als Seniorenzentrum mit Tagespflege.

Diese Verbindung von sozial nachhaltigen und häufig innovativen Konzepten des Wohnens, der Beratung, der Verknüpfung von Diensten für von Armut betroffene Menschen mit der positiven Präsenz und Energie der Kirchengemeinden, die sich nicht zurückziehen, sondern sich gemeinsam mit ihrem jeweiligen Träger – ökumenische Projekte sind noch selten – durch die Investition für dreißig Jahre zum Standort bekennen, hat enorme Wirkung.

Die unmittelbar erlebbare Relevanz der sozialen Angebote in Kombination mit geistlichen Veranstaltungen als Deutungsrahmen und Kraftquelle ist dabei – als Weiterentwicklung kirchlicher Orte – ein wesentliches Zukunftsmodell für die Kirchen.

1   https://www.offenekirche.ch/de.html
     (letzter Abruf: 8.11.2022)
2   https://www.heiligkreuzpassion.de/
     soziales (letzter Abruf: 8.11.2022)

VII   Nachhaltigkeit und Transformation
Erfahrungen aus der Erzdiözese Freiburg
Werner Wolf-Holzäpfel

Ausgangssituation

Die derzeitigen Herausforderungen in den Diözesen Deutschlands sind enorm und vielfältig, die kirchliche Landschaft ist im Wandel begriffen. Auf den Priestermangel und die zurückgehende kirchliche Bindung in der Gesellschaft, den demografischen Wandel und die stetig schwindende Zahl der Gottesdienstbesucherinnen und -besucher reagieren die Bistumsleitungen in organisatorischer Hinsicht mit der Bildung von Gemeindeverbünden oder Großpfarreien. Neue Strategien für die Seelsorge in weiten pastoralen Räumen mit wenigen Priestern werden erarbeitet und erprobt. Man muss davon ausgehen, dass sich die finanziellen Rahmenbedingungen in den kommenden Jahrzehnten zunehmend verschlechtern. All dies hat bedeutende Auswirkungen auf die Weiterentwicklung des Gebäudebestandes. Dabei sind die Sakralbauten nicht ausgenommen.

Weitere Aspekte kommen hinzu: In der Erzdiözese Freiburg sind es insbesondere das Erreichen der ambitionierten Umwelt- und Klimaziele, für welche die Umstellung des gesamten Gebäudebestandes auf einen klimaneutralen Betrieb und die Erarbeitung von Standards zur nachhaltigen Bauweise von entscheidender Bedeutung sind. Das gesamte kirchliche Bauen muss in den kommenden Jahren vollständig neu ausgerichtet werden.

Der konkrete Bedarf an katholischen Sakralräumen nimmt ab und mit den absehbar geringer werdenden finanziellen Ressourcen der Kirchengemeinden ist die Erhaltung des aktuell hohen Gebäudebestandes nicht denkbar. Überlegungen für einen Gebäudereduktionsprozess mit Augenmaß, welcher die pastorale Arbeit unterstützt, müssen eingeleitet werden. Eine besondere Schwierigkeit besteht darin, dass in dem andauernden und teils beschleunigten Veränderungsprozess nicht oder noch nicht klar absehbar ist, welche Gebäude und welche Kirchen in Zukunft weiterhin benötigt werden und welchen Erwartungen und spirituellen Bedürfnissen ein Sakralraum in 10 oder 20 Jahren begegnen wird.

Als Orte der Verkündigung und der Feier der heiligen Messe haben die Sakralgebäude eine besondere Bedeutung für die katholische Kirche. Sie sind sichtbare Zeichen des christlichen Glaubens und prägende Bauten im Stadtgefüge und in der Landschaft. Oft sind sie zugleich wichtige Kulturdenkmale mit hohem kunsthistorischem Wert, der von der gesamten Gesellschaft wahrgenommen wird. Bauliche Veränderungen, Rückbau oder gar Abriss von Kirchen werden in der Öffentlichkeit äußerst sensibel wahrgenommen. An vielen Orten wird es aus den bekannten Gründen künftig für die katholischen Gemeinden schwieriger, regelmäßige gottesdienstliche Feiern anzubieten und die finanziellen Lasten zum baulichen Unterhalt ihrer Kirche zu tragen. Es stellt sich die Frage, wie es dennoch gelingen kann, die Kirche am Ort langfristig zu erhalten und ein zukunftsfähiges Konzept für den Standort zu entwickeln.

Erhaltungsstrategien und nachhaltige Standortentwicklung

Die beschriebenen Veränderungsprozesse sind in der Erzdiözese Freiburg seit etwa zwei Jahrzehnten immer deutlicher wahrzunehmen. Das Aufgeben einer Kirche, der Abriss oder ein Verkauf sind als letzte Option, als Ultima Ratio, zu sehen. Auf die oben dargelegte aktuelle Problemlage reagieren die Gemeinden in Abstimmung mit dem Ordinariat mit unterschiedlichen Lösungsansätzen, je nach Situation vor Ort und jeweils abhängig von den pastoralen Konzepten. Die Intensivierung der gottesdienstlichen Nutzung, etwa durch Profilbildung – Jugendkirche, Familienzentrum, Citykirche – steht oft im Fokus. An einigen wenigen Orten gelang es durch den Einbau von Gemeinderäumen in den Sakralraum nach dem ‚All-in-One-Prinzip' den Gebäudebestand zu reduzieren, den Kirchenraum zu verkleinern und an die aktuellen Bedürfnisse der Gemeinde anzupassen.

Es gibt Beispiele der Zusammenarbeit mit anderen Glaubensgemeinschaften oder Institutionen. So entstand in Mannheim jüngst die erste Ökumene-Kirche im Erzbistum Freiburg. Die in den 1950er-Jahren erbaute Pfarrkirche St. Pius wurde für die gemeinsame Nutzung durch die evangelische und katholische Gemeinde umgebaut und neu gestaltet. In Assamstadt, einer Gemeinde im Main-Tauber-Kreis, wird seit vielen Jahren die alte Kirche gemeinsam von der Kommune und der Kirchengemeinde als Bürgerhaus und Pfarrheim genutzt und die finanziellen Lasten werden gemeinsam verantwortet. Mancherorts bietet sich auch die Zusammenarbeit mit anderen kirchlichen Trägern an, z. B. der Caritas. Im südbadischen Goldscheuer wurde ein ganz anderer Weg beschritten: Das einfache Kirchlein aus den 1950er-Jahren gewann durch die künstlerische Intervention des Graffiti-Malers Stefan Strumbel so sehr an Attraktivität, dass sie vor der drohenden Profanierung gerettet werden konnte.

Es geht nicht einfach darum, die Anzahl der Gebäude zu reduzieren, Immobilien zu verkaufen oder Häuser abzureißen. Sicher wird man sich von Liegenschaften, die völlig überdimensioniert sind oder einen ungünstigen Standort aufweisen und für die pastorale Arbeit nicht mehr benötigt werden, trennen müssen. Vor allem aber muss es darum gehen, den gesamten kirchlichen Immobilienbestand gemäß den pastoralen Konzepten neu auszurichten und für die Erreichung der Umwelt- und Klimaziele nachhaltig weiterzuentwickeln. Was bedeutet das konkret für den Umgang mit bestehenden Sakralbauten und für künftige Kirchenbaumaßnahmen?

Nachhaltigkeit beim Bauen

Der Begriff der Nachhaltigkeit wird in unserer Zeit geradezu inflationär verwendet. Er ist für die meisten Menschen positiv besetzt und wird daher gerne auch in der Werbung angewandt, z. B. bei Finanzprodukten. Ursprünglich kommt der Ausdruck aus der Waldwirtschaft und bezeichnet eine Wirtschaftsweise, bei welcher dem Wald nur so viel Holz entnommen werden darf, wie nachwachsen kann. Bei nachhaltiger Bewirtschaftung wird der gesamte Wald geschont und es werden dauerhaft Erträge gesichert. In der modernen Ökonomie wird in Verbindung mit dem Begriff der Nachhaltigkeit von einem Dreisäulenmodell gesprochen: wirtschaftlich effizient, sozial gerecht und ökologisch tragfähig. Für den Bereich des Bauens hat die 2007 gegründete Deutsche Gesellschaft für Nachhaltiges Bauen (DGNB) einen umfassenden Kriterienkatalog für nachhaltige Gebäude und umweltgerechte Baustoffe erarbeitet, der inzwischen allgemein anerkannt ist. Dieser umfasst neben der ökologischen auch die technische und ökonomische Qualität eines Gebäudes, ebenso wie die soziokulturellen und funktionalen Aspekte, die Prozessqualität und die Eigenschaften des Standortes, wie z. B. die Erreichbarkeit mit dem öffentlichen Nahverkehr. Immer stärker in den Blick genommen werden die sogenannte graue Energie, also der energetische Aufwand für die Errichtung von Gebäuden, und der gesamte Lebenszyklus eines Bauwerks einschließlich Abriss, Entsorgung und Recycling. Die DGNB hat bei ihren Zertifizierungssystemen bisher allerdings ausschließlich den Neubau berücksichtigt. Nur für wenige Gebäudetypen, wie etwa den Verwaltungsbau, gibt es überhaupt ausgereifte Zertifizierungssysteme. Für Kirchen – und für Bestandsbauten generell – gibt es keine fertigen Zertifizierungen durch die DGNB. Für Einzelprojekte kann jedoch in enger Zusammenarbeit mit den Expertinnen und Experten ein Kriterienkatalog nach dem Flex-Modell der DGNB entwickelt werden, der die individuelle Grundlage für die Bewertung und Auszeichnung einer Baumaßnahme und eines Gebäudes unter dem Gesichtspunkt der Nachhaltigkeit bildet.

Nachhaltigkeit im Kirchenbau

Insbesondere durch die lange Nutzungsdauer über Jahrhunderte, die gut erreichbare Lage in der Ortsmitte und die ökologische Qualität der historischen Baumaterialien, wie Stein, Holz, Ziegel, mineralischer Putz und natürliche Farben, weisen unsere älteren Kirchenbauten per se eine hohe Nachhaltigkeit auf. Auch für andere Bestandsbauten gilt: Wenn wir den Altbau durch einen Neubau ersetzen, müssen wir diesen etwa 20 Jahre lang klimaneutral betreiben, bis der durch die Baumaßnahme entstandene CO_2-Ausstoß wieder ausgeglichen ist. Daher sprechen gewichtige Argumente dafür, dem Erhalt, Umbau und der Transformation des Bestandes gegenüber einem Neubau den Vorzug zu geben, wo immer dies möglich ist.

Bei Baumaßnahmen an Kirchen besteht die Gefahr, dass wir die ökologische Qualität des historischen Baus durch den Einbau moderner Materialien und einer umfassenden Gebäudetechnik beeinträchtigen und auf diese Weise der Nachhaltigkeit schaden. Es muss mit Bedacht vorgegangen werden und die Wahl der Baustoffe spielt eine wichtige Rolle ebenso wie das architektonische Konzept und die Gebäudetechnik, soweit wir auf eine solche nicht verzichten können. Einige Diözesen, etwa das Erzbistum München-Freising, haben inzwischen einen Leitfaden für die Verwendung von ökologischen und nachhaltigen Baustoffen herausgegeben.

Bei den Kirchen haben wir aufgrund der Besonderheiten eine gute Chance, diese künftig weitgehend CO_2-frei betreiben zu können. Denn es handelt sich um temporär genutzte Bauten, die in der Regel nicht beheizt, sondern lediglich temperiert werden. Komfortverzicht und alternative Temperierungskonzepte, wie etwa Strahlungsheizung oder Wärmekissen, sind durchaus denkbar. Möglich ist vielerorts auch der Betrieb als reine Sommerkirche, sofern die Gottesdienste an kalten Tagen in den Gemeindesaal oder eine benachbarte Kirche verlagert werden können. Die beiden zurückliegenden Coronajahre haben gezeigt, dass allein wegen einer sparsamen Temperierung mit niedrigen Innenraumtemperaturen die Gläubigen nicht vom Gottesdienst fernbleiben. Inzwischen stehen auch eine Reihe von innovativen technischen Lösungen in Verbindung mit grünem Strom zur Verfügung, die sich für den Einsatz in Kirchengebäuden grundsätzlich eignen, wie oberflächennahe Geothermie, Wärmepumpen, Eisspeicher, Pelletheizungen und dergleichen. Allerdings erfordern diese einen großen technischen und finanziellen Aufwand für den Einbau und den Betrieb und führen zu erheblichen Eingriffen in die historische Bausubstanz. Damit ist eine Realisierung bei hochwertigen Denkmalkirchen aus konservatorischen und finanziellen Gründen oft nicht möglich oder nicht erstrebenswert. Lowtech-Konzepte sind eine erwägenswerte Alternative.

Der Aufwand und die Kurzlebigkeit moderner technischer Systeme veranlassten die Vorarlberger Architekten Baumschlager Eberle, bei einigen ihrer Bauten auf eine technische Heizungsanlage vollständig zu verzichten und ganz auf einfache, ressourcenschonende und dauerhafte bauliche Komponenten zu setzen. Bei diesen als Konzept 2226 bezeichneten Häusern sind die große Baumasse mit extrem dicken Wänden und eine intelligente Lüftungssteuerung elementar. Ein Blick auf diese Pionierbauten könnte sich lohnen. Da viele unserer alten Kirchen über dicke Wände mit großen Speichermassen verfügen und gut besonnte Südfenster mit erheblichem Wärmeeintrag aufweisen, könnte ein minimalistischer technischer Ansatz erfolgversprechend sein.

Realisierungen in der Erzdiözese Freiburg

In der Erzdiözese Freiburg werden derzeit verbindliche Richtlinien und Förderinstrumente für ein nachhaltiges Bauen erarbeitet, denn für die Erreichung der selbst gesetzten ambitionierten Klimaziele ist der Gebäudesektor von immenser Bedeutung.
Das betrifft sowohl die baulichen Maßnahmen als auch den Betrieb der Gebäude. In die Überlegungen fließen die Erfahrungen von pilotartigen Einzelbaumaßnahmen und Kampagnen ein, die in den letzten Jahren durchgeführt worden sind bzw. sich noch in der Realisierung befinden, wie das Sonderförderprogramm der ‚Klimapiloten' und die Erarbeitung von Klimafahrplänen für ausgewählte Bauten der Kirchengemeinde Heidelberg oder die Auswertung des Klima-Monitorings für eine Vielzahl von Kirchen. In einzelnen Gotteshäusern Nordbadens, meist Nachkriegsbauten, wurden Gemeinderäume eingebaut, um den Gebäudebestand in der Pfarrei zu reduzieren und die Räumlichkeiten dem pastoralen Bedarf anzupassen, so in Meckesheim, Heidelberg-Wieblingen und Mosbach-Waldstadt. Das letztgenannte Beispiel wird auch in der Ausstellung der Deutschen Gesellschaft für christliche Kunst gezeigt.

In Meckesheim wurde ein in mehrfacher Beziehung für unser Thema interessantes Projekt realisiert.
Die Kirche St. Martin aus den frühen 1960er Jahren war in die Jahre gekommen und dringend sanierungsbedürftig. Der Kirchenraum war zu groß und das Gemeindehaus, entfernt von der Kirche gelegen, wenig genutzt und auf Dauer zu teuer. Die kleine Filialgemeinde entschloss sich, einen Gemeindesaal in die Kirche einzubauen, das gesamte Gebäude energetisch zu modernisieren und das Gemeindehaus zu verkaufen. Entstanden ist die erste Plus-Energie-Kirche im Erzbistum Freiburg. Ein intelligentes Energiekonzept nach dem Prinzip der Kybernetik und eine große Photovoltaikanlage auf dem Kirchendach sorgen dafür, dass das Gebäude mehr Energie erzeugt, als es verbraucht. Das Projekt befindet sich derzeit noch in der Optimierungs- und Evaluierungsphase. In der Mannheimer Spitalkirche, einem denkmalgeschützten Kirchenbau des 18. Jahrhunderts, gelang es, mit einem innovativen Energiekonzept die Energieeffizienz deutlich zu erhöhen und den Energieverbrauch und damit den CO_2-Ausstoß auf ein Drittel zu reduzieren.

St. Martin
Meckesheim

St. Bartholomäus
Heidelberg-Wieblingen

Die Erfahrungen zeigen, dass die Aufgaben in architektonischer und technischer Beziehung sehr anspruchsvoll sind, die Realisierungszeiträume sehr lange und ein erheblicher finanzieller Aufwand notwendig ist. Neuartige technische Lösungen bedingen zudem ein mehrjähriges Monitoring, bis alle Komponenten aufeinander abgestimmt sind. Die Ergebnisse beweisen, dass gute neuartige Lösungen entstehen können, die von den Gemeinden mitgetragen werden. Zum Beispiel wird das direkte Nebeneinander des sakralen und profanen Feierraums in einer ,All-in-one-Kirche' in Meckesheim von den Pfarreimitgliedern sehr geschätzt, da sich neue Möglichkeiten für die pastorale Arbeit eröffnen. Nebenbei verringern sich die künftigen Bauunterhaltungskosten durch die Konzentration auf das Kirchengebäude erheblich. So hat der Kirchenstandort für die nächsten Jahrzehnte wieder eine gute Perspektive.

Der beträchtliche bauliche und finanzielle Aufwand für Gemeindehauseinbauten in Kirchen führt zu einer Diskussion darüber, ob ein Kirchenraum auch ohne umfangreiche bauliche Veränderung für eine erweiterte Nutzung, wie etwa Gemeindeversammlung, Konzert oder Theater, unter bestimmten Voraussetzungen zur Verfügung stehen darf. In kleinen Orten oder Stadtteilen kann es naheliegen zu überlegen, ob durch die Zusammenarbeit mit der evangelischen Schwestergemeinde eine selten genutzte Kirche wiederbelebt werden könnte, indem beide Gemeinden ihre Gottesdienste künftig darin abhalten. Diese Option wurde im Erzbistum Freiburg bisher nur in der bereits erwähnten Ökumene-Kirche St. Pius im Mannheimer Stadtteil Neuostheim konsequent realisiert.

Zusammenfassung und Ausblick

Die Anpassung des kirchlichen Gebäudebestandes an die künftigen pastoralen Anforderungen und die nachhaltige Weiterentwicklung für das Erreichen der Umwelt- und Klimaziele stellt eine enorme Herausforderung dar. Wir stehen erst am Anfang und die Transformation wird viele Jahre dauern. Die Erfahrungen der letzten Jahre zeigen, dass in den Gemeinden die Akzeptanz für Nachhaltigkeitsaspekte bei Baumaßnahmen außerordentlich hoch ist. Allerdings fehlen oft die finanziellen Mittel, sodass am Ende faktisch verhältnismäßig wenig geschieht.

Auch der Mangel an erfahrenen Ingenieurbüros und Handwerksbetrieben bremst die Entwicklung. Viele der innovativen technischen Lösungen erweisen sich für die Kirchenbauten als sehr aufwendig in Herstellung und Betrieb, sodass alternative minimalistische Konzepte mit reduzierter Gebäudetechnik entwickelt werden müssen.

Unsere historischen Kirchenbauten sind außerordentlich nachhaltige Bauten, da sie schon über Jahrhunderte bestehen und nahezu vollständig aus umweltgerechten und regional verfügbaren Baustoffen errichtet wurden. Künftige Baumaßnahmen müssen sich an diesen Eigenschaften orientieren und durch die Wahl ökologischer Baustoffe und nachhaltiger Bauweisen bei einer Sanierung oder einem Umbau dem Bestand gerecht werden. Durch einen gewissen Komfortverzicht und dem wohlüberlegten Einsatz moderner innovativer Techniken zur Erhöhung der Effizienz sowie zur Gewinnung von erneuerbaren Energien, etwa durch die Photovoltaik, kann nahezu jedes Gebäude – auch ein denkmalgeschütztes Kirchengebäude – in der Zukunft klimapositiv werden, also einen eigenen Beitrag zum Klimaschutz leisten.

Künstler*innen

Duo 1   Empfangshalle – Corbinian Böhm (geboren 1966)
und Michael Gruber (geboren 1965)
Beide haben eine Ausbildung zum Holz- und
Steinbildhauer absolviert. Danach Studium der
Bildhauerei an der Akademie der Bildenden Künste
München bei Hans Ladner, Antony Gormley,
Pia Stadtbäumer, Timm Ulrichs, Asta Gröting,
Rita McBride; 1999/2000 Meisterschüler, Diplom.
Seit 2000 arbeiten sie als Künstlerduo Empfangs-
halle zusammen. Mit zahlreichen Ausstellungen,
Skulpturen und künstlerischen Interventionen haben
sie sich national und international einen Namen
für Kunst im öffentlichen Raum gemacht.

Duo 2   Jutta Görlich (geboren 1971)
Studium der Germanistik und Geschichte an der
Ludwig-Maximilians-Universität München. Studium
an der Akademie der Bildenden Künste München.
Seit 2000 Kooperationen mit Peter Haimerl.
Seit 2007 Zusammenarbeit mit Edward Beierle im
Künstler*innenkollektiv beierle.goerlich. Seit 2012
Seminarlehrerin für Kunst am Wittelsbacher
Gymnasium München. Zahlreiche Ausstellungen
und Publikationen im Themenfeld Kunst, Religion
und Architektur.

Peter Haimerl (geboren 1961)
Studium der Architektur an der Fachhochschule
München. Seit 1990 eigenes Büro. Seit 2019
Professur für Raum und Design an der Kunstuniversi-
tät Linz. Peter Haimerl ist Mitglied in der Akademie
der Künste in Berlin sowie der Akademie der Bilden-
den Künste in München. Zahlreiche preisgekrönte
Gebäude sowie Ausstellungen, Publikationen
und Vorträge im Themenfeld Kunst, Städtebau und
Architektur.

Duo 3

Ludwig Hanisch (geboren 1984)
Studium Freie Malerei (Meisterschüler), Akademie der Bildenden Künste Nürnberg. Seit 2012 freischaffend tätig als bildender Künstler. Seit 2022 Zusammenarbeit mit dem Lehrstuhl für Wahrnehmungspsychologie, Universität Bamberg (u. a. Partizipation ‚VSAC 2022 ›realities‹‘, Universität Amsterdam, Niederlande). 2022 Kulturpreisträger der Stadt Nürnberg. Stipendien und Förderungen: 2012 Nominierung Eb-Dietzsch-Kunstpreis für Malerei, 2013 LfA-Förderbank ‚Junge Kunst in Bayern‘, 2020 Arbeitsstipendium Kallmünz, 2022 Neustart Kultur, Stiftung Kunstfonds.

Karina Kueffner (geboren 1981)
Studium Textildesign (Diplom), Hochschule Hof / Campus Münchberg und Kunstuniversität Linz Studium Freie Malerei (Meisterschülerin), Akademie der Bildenden Künste Nürnberg. Seit 2014 freischaffend tätig als bildende Künstlerin. Seit 2015 Lehrbeauftragte der Hochschule Hof, Studiengang Textildesign. Stipendien und Förderungen: 2016 Debütantenförderung des Bayerischen Staatsministeriums für Wissenschaft und Kunst, 2018 Paris-Stipendium des StMWK, 2021 Arbeitsstipendium Mecklenburgisches Künstlerhaus, 2022 Neustart Kultur, Stiftung Kunstfonds.

Duo 4

Ursula Kristen (geboren 1970)
Studium der Architektur an der TU München.
Seit 2002 freiberufliche Tätigkeit als Architektin, Schwerpunkt Bauen im Bestand. Seit 2006 Zusammenarbeit mit Tom Kristen bei Wettbewerbsbeteiligungen und Projekten im öffentlichen Raum. Planerische Unterstützung verschiedener sozialer Projekte in Indien und Nepal.

Tom Kristen (geboren 1968)
Handwerkerlehre, Studium der Architektur an der FH Regensburg. Seit 2002 freiberufliche Arbeit als Künstler. Seit 2006 Projekte im öffentlichen Raum. Seit 2022 Diözesanarchitekt Bistum Regensburg Realisierung zahlreicher liturgischer Ausstattungen, Einzelausstellungen und Ausstellungsbeteiligungen mit Malerei und Druckgrafik, verschiedenste Lehr-, Kuratoren- und Jurytätigkeiten im Bereich Kunst und Kunst am Bau.

Autor*innen

Prof. Dr. Albert Gerhards (geboren 1951)
Studium der katholischen Theologie in Innsbruck,
Rom und Trier. Dr. theol. 1982 an der Theologischen
Fakultät Trier. 1984 Professor für Liturgiewissen-
schaft an der Kath.-Theol. Fakultät der Universität
Bochum. 1989–2017 Professor für Liturgiewissen-
schaft an der Kath.-Theol. Fakultät der Universität
Bonn. Seit 2020 Sprecher der DFG-Forschungs-
gruppe ,Sakralraumtransformation' (TRANSARA) .

Dr. Manuela Klauser (geboren 1978)
Studium der Kunstgeschichte in Düsseldorf und
München. Dr. phil. mit ,Ikonische Kirchen –
Geschichte und Theorie des Pfarrkirchenbaus an
Rhein und Ruhr zwischen Historismus und Moderne'
(Regensburg 2019). Seit 2019 Redakteurin der
,Straße der Moderne' des Deutschen Liturgischen
Instituts. Seit 2022 Wissenschaftliche Mitarbeiterin
bei der DFG-Forschungsgruppe ,Sakralraumtrans-
formation' (TRANSARA). Forschung zu internationa-
ler Sakralarchitektur des 19. bis 21. Jahrhunderts,
künstlerisches Umfeld, Akteure und Raumtheorien;
Kirchenumnutzungen.

Dott. Benita Meißner (geboren 1974)
Studium der Architekturgeschichte und Denkmal-
pflege in Venedig 1995–2000. 2000 bis 2014
Vermittlung von zeitgenössischer Kunst zwischen
Berlin und München. Seit 2015 Geschäftsführerin
und Kuratorin des DG Kunstraums der Deutschen
Gesellschaft für christliche Kunst e.V. in München.
Publikationen im Themenfeld Kunst und Kirche
sowie Jurybeteiligungen.

Thorsten Nolting (geboren 1964)
Studium der Ev. Theologie und der Philosophie
in Marburg, Berlin, Tübingen und Frankfurt.
1994–2002 Pfarrer an der Johanneskirche Düssel-
dorf. 2000 Labor für soziale und ästhetische
Entwicklung. 2002–2020 Vorstandsvorsitzender
Diakonie Düsseldorf. 2013 Büro für soziale Inno-
vation. 2020–2022 Vorstandssprecher Diakonie
München und Oberbayern. Redakteur der Zeitschrift
‚Kunst und Kirche‘.

Dr. Werner Wolf-Holzäpfel (geboren 1957)
1977–1984 Studium der Architektur in Karlsruhe
und Lausanne. Tätigkeiten in verschiedenen
Architekturbüros, Referendar in der Landesbau-
verwaltung Baden-Württemberg, Staatsprüfung
zum Regierungsbaumeister. Seit 1987 Architekt
in der Erzdiözese Freiburg, stellvertretender
Leiter des Erzbischöflichen Bauamtes Heidelberg.
1999 Promotion an der Universität Karlsruhe.
2007–2022 Erzbischöflicher Oberbaudirektor und
Leiter des Erzbischöflichen Bauamtes Heidelberg.

Dr. Walter Zahner (geboren 1961)
Studium der Katholischen Theologie in Bamberg,
Paris, Münster und München. Dr. theol mit
‚Rudolf Schwarz – Baumeister der Neuen Gemeinde‘
(Altenberge₂1997). Seit 2017 stellvertretender
Leiter der Hauptabteilung Seelsorge im Bistum
Regensburg. Seit 2007 1. Vorsitzender der
Deutschen Gesellschaft für christliche Kunst e.V.,
München. Zahlreiche, auch internationale
Publikationen, Vorträge im Themenfeld Kunst,
Architektur und Kirche sowie Jurybeteiligungen.

Bildnachweis

Dirk Altenkirch 265
Edward Beierle 224–227, 231
Martin Baitinger 64,65
Thomas Berberich 174–179
Zooey Braun 156–161
Thomas Dlugosch 116–121
Empfangshalle 200–205
Guido Erbring 60–63
Gerhard Hagen 134–139
Ludwig Hanisch 211, 216–217
Jessica Alice Hath 64
Hahn Helten Architekten 30
Rainer Hepler 237
Werner Huthmacher 167–169
Ursula und Tom Kristen 187–192, 197
Constantin Meyer 144–151
Olivier Pol Michel 82–85
Uwe Niklas 214, 215
Claudius Pfeifer 266
Eyal Pinkas, Studio Kepler 267
Christian Richters 33
Sebastian Schmid 34
Lys Y Seng 80–82, 242–243
Dietmar Strauß 90–95, 268
Célia Uhalde 70–75
Gerald von Foris 52–57, 100–103, 108,
109, 126–129, 212, 213
Siegfried Wameser 110, 111
Roman Weis 37

© der Abbildungen von Empfangshalle,
Tom Kristen: VG Bild-Kunst, Bonn 2022
Die Geltendmachung der Ansprüche
gem. § 60h UrhG für die Wiedergabe
von Abbildungen der Exponate / Be-
standswerke erfolgt durch die VG Bild-
Kunst. Das Copyright für alle anderen
Abbildungen liegt bei den Fotograf*innen und Künstler*innen.

Dank

Wir sprechen allen an den Projekten
Beteiligten sowie allen Architekt*innen
und Fotograf*innen, die uns mit Bild-
material und Informationen unterstützt
haben unseren Dank aus. Wir bedanken
uns für die gute Zusammenarbeit bei
TRANSARA-Sakralraumtransformation,
DFG FOR 2733. Darüber hinaus möchte
die DG sich für die großzügige Förderung durch den Verein Ausstellungshaus
für christliche Kunst e.V. bedanken.

© 2023 by jovis Verlag GmbH
Das Copyright für die Texte liegt bei
den Autor*innen. Das Copyright für die
Abbildungen liegt bei den Fotograf*in-
nen / Inhaber*innen der Bildrechte.
Alle Rechte vorbehalten.

Katalog 157 der DG erscheint begleitend
zur Wanderausstellung ‚Kirche Raum
Gegenwart', einem Kooperationsprojekt
der Deutschen Gesellschaft für christliche Kunst e.V. (DG) und dem Verein
Ausstellungshaus für christliche Kunst
e.V. (VAH). Ausstellung im DG Kunstraum
vom 20. Januar bis 16. März 2023.

Herausgeber: Dr. Walter Zahner
(1. Vorsitzender der Deutschen Gesell-
schaft für christliche Kunst e.V.)
Redaktion: Benita Meißner
Konzeption und Mitglieder der Jury:
Dr. Manuela Klauser, Benita Meißner,
Dr. Walter Zahner
Weiteres Jurymitglied: Dr. Andreas
Kühne (Mitglied des Vorstands
des Verein Ausstellungshaus e.V.)
Assistenz: Daniela Lange,
Léa Manoussakis
Autor*innen: Prof. Dr. Albert Gerhards,
Dr. Manuela Klauser, Thorsten Nolting,
Benita Meißner, Dr. Werner Wolf-
Holzäpfel, Dr. Walter Zahner
Kunstprojekte: Jutta Görlich und
Peter Haimerl, Ludwig Hanisch und
Karina Kueffner, Tom und Ursula Kristen,
Benita Meißner für Empfangshalle
Projekttexte: Dr. Manuela Klauser (MK),
Benita Meißner (BM)

Korrektorat: Gabriele Oldenburg
Gestaltung: Bernd Kuchenbeiser Projekte
Druck: Memminger Mediencentrum

DG Deutsche Gesellschaft für
christliche Kunst e.V.
Finkenstraße 4 80333 München
+49 89 28 25 48 Telefon
+49 89 28 86 45 Fax
info@dg-kunstraum.de
www.dg-kunstraum.de
Geschäftsführerin und Kuratorin:
Benita Meißner
Assistenz: Manuela Baur
Öffentlichkeitsarbeit: Daniela Lange

Bibliografische Information der
Deutschen Nationalbibliothek: Die
Deutsche Nationalbibliothek verzeichnet
diese Publikation in der Deutschen
Nationalbibliografie; detaillierte bibliografische Daten sind im Internet über
http://dnb.dnb.de abrufbar.

jovis Verlag GmbH
Lützowstraße 33
10785 Berlin

www.jovis.de

jovis-Bücher sind weltweit im ausge-
wählten Buchhandel erhältlich. Informationen zu unserem internationalen
Vertrieb erhalten Sie von Ihrem Buch-
händler oder unter www.jovis.de.

ISBN 978-3-98612-019-1